湖北省高等学校哲学社会科学研究重大项目、湖北省社科基金前期资助项目（项目批准号：21ZD118）、湖北省重大调研课题基金项目（项目批准号：2021S16-4）

农村消费潜力问题研究

——以湖北省为例

张辉　张承龙　黄宏磊 ◎ 著

中国财经出版传媒集团

经济科学出版社
Economic Science Press

图书在版编目（CIP）数据

农村消费潜力问题研究：以湖北省为例/张辉，张承龙，黄宏磊著 . -- 北京：经济科学出版社，2022.11

ISBN 978 - 7 - 5218 - 4289 - 0

Ⅰ. ①农…　Ⅱ. ①张…②张…③黄…　Ⅲ. ①农村 - 居民消费 - 消费力 - 研究 - 湖北　Ⅳ. ①F126.1

中国版本图书馆 CIP 数据核字（2022）第 217565 号

责任编辑：纪小小
责任校对：孙　晨
责任印制：范　艳

农村消费潜力问题研究
——以湖北省为例

张　辉　张承龙　黄宏磊　著

经济科学出版社出版、发行　新华书店经销
社址：北京市海淀区阜成路甲 28 号　邮编：100142
总编部电话：010 - 88191217　发行部电话：010 - 88191522
网址：www. esp. com. cn
电子邮箱：esp@ esp. com. cn
天猫网店：经济科学出版社旗舰店
网址：http://jjkxcbs. tmall. com
北京季蜂印刷有限公司印装
710 × 1000　16 开　11 印张　200000 字
2022 年 12 月第 1 版　2022 年 12 月第 1 次印刷
ISBN 978 - 7 - 5218 - 4289 - 0　定价：46.00 元
（图书出现印装问题，本社负责调换。电话：010 - 88191545）
（版权所有　侵权必究　打击盗版　举报热线：010 - 88191661
QQ：2242791300　营销中心电话：010 - 88191537
电子邮箱：dbts@ esp. com. cn）

前　言

　　消费是指利用社会产品来满足人们各种需要的过程。消费是经济发展的基础，是经济增长的源泉，消费对经济的推动作用不可忽视。2021 年，虽然全国消费受到新冠肺炎疫情的巨大影响，但仍然保持着增长势头。全国居民人均消费支出 24 100 元，比上年增长 12.6%。城镇居民人均消费支出 30 307 元，同比增长 11.1%；农村居民人均消费支出 15 916 元，同比增长 15.3%（国家统计局，2022）。农村是一个巨大的潜在市场，培育农村消费不仅有助于拉动内需，还能拓展市场，提升经济增长，促进产业转型和升级。随着经济社会的发展，广大农村地区的需求也不仅仅停留在满足日常生活需要，还有更高层次的社会、文化、休闲等方面的需求。农村市场的拓展和农民消费的升级需要，将有助于中国经济的转型升级，推动产业结构的升级。同时，激活农村消费市场也有助于缓解当前经济下行压力和解决就业问题。农村消费市场的发展将进一步稳定经济增长，提高就业水平，促进社会和谐发展。挖掘农村消费潜力也可以促进城乡经济一体化的发展，为解决城乡差距问题提供新的契机。

　　中央政府也高度重视农村消费市场的开发，多次发文支持和引导农村消费市场领域的发展。2018 年 1 月 25 日，"乡村振兴战略"正式发布，其核心战略之一就是发挥"三农"资源和市场潜力，提升农村的内生动力。在"乡村振兴战略"的背景下，中央政府还正式启动了"振兴乡村消费"计划。在这项计划中，中央政府将集中推进农村电商、农产品加工、乡村旅游、新型消费业态等领域的发展。2019 年，中共中央、国务院发布了《关于激发农村消费潜力促进扩大内需的若干意见》，提出激活农村消费潜力的一系列措施，包括大力扶持县域农村电商发展、推动"互联网＋"农村旅游等重点工作。2021 年发布的《政府工作报告》中也提出了加大支持农村电子商务发展力度等一系列措施。这些文件的发布和执行，加强了政策和制度保障，也为挖掘农村消费潜力提供了新的举措和动力。

但从文献研究来看，对于农村消费潜力的研究仍然较为缺乏，主要表现在：一是现有研究更多关注了宏观层面的经济现象，没有结合微观的消费市场进行调研观察，导致研究结论的可操作性不强；二是已有文献更多采用二手数据分析的方式展开，研究方法比较严谨，但也造成缺乏鲜活丰富的一手资料，拉开了理论与实际的差距；三是大多数研究聚焦单一区域的资料内容，缺少多地区、多层面的对比分析讨论，造成了研究结论视角相对较窄，无法给出系统的政策建议。

目录

第一章

导　论

第一节　研究意义与目的

消费是经济增长的持久动力。2020 年 5 月 23 日，习近平总书记指出要把满足国内需求作为发展的出发点和落脚点，逐步形成以国内大循环为主体、国内国际双循环相互促进的新发展格局（习近平，2021）。构建新发展格局，迫切需要充分打开农村消费市场。2020 年的中央一号文件和政府工作报告也都着重强调要全面促进农村消费（国务院，2022；李克强，2022）。

近年来，全国农村居民人均可支配收入、消费支出都保持了稳定增长，城乡收入、消费的差距持续缩小。据《湖北统计年鉴》（2020）显示，湖北省农民家庭年人均纯收入从 2009 年的 5 035.26 元增加到 2019 年的 16 390.86 元；农村与城镇居民消费水平指数差距[①]逐年缩小，由 2009 年的 32.4% 下降为 2019 年的 3.0%（湖北省统计局，2020）。农村消费结构不断变化，对升级类消费产生更大需求。深入开拓农村市场，激发农村消费潜力，将进一步夯实湖北联通东西部、承接南北方的市场枢纽地位，促进湖北省在国内产业循环、市场循环、经济社会循环中发挥更大作用。

湖北省农村消费潜力调研亟须开展三个方面的数据调查与分析工作：一是与农村消费潜力相关的经济社会发展基础数据获取；二是进行农村消费潜力数据分析；三是针对分析结果给出相关政策建议。但从已有文

---

① 农村与城镇居民消费水平指数差距 =（城镇居民消费水平指数 − 农村消费水平指数）÷城镇居民消费水平指数。

献、报告等数据资料来看，湖北省农村消费潜力相关调研和文献大多基于省市统计资料数据进行分析整理，面上数据较多，但数据针对性不足，没有全面系统地进行实地调研，并缺少省市情况的横向比较；数据分析方法相对单一，宏观层面思考较多，缺乏操作层面的实证数据支持；对于释放农村消费潜力的配套政策和措施的研究尚未跟进。

本书旨在研究农村消费现状、特点、消费结构及变化趋势，分析制约农村消费的因素，探讨激发湖北省农村消费潜力并升级农村消费结构的策略，以此助推湖北省乡村振兴战略实施。在借鉴已有理论、实证研究成果的基础上，以深入湖北省武汉市、宜昌市、孝感市、鄂州市等地农村调研为基础，采用问卷调查、案例分析等研究方法，系统、全面地分析湖北省农村消费潜力问题，并就加快农村消费升级、实现扩大内需的目标提出对策建议。

湖北省地处中国中部地区，东邻安徽省，西连重庆市，西北与陕西省接壤，南接江西省、湖南省，北与河南省毗邻，占中国总面积的1.94%。共辖12个地级市、1个自治州。湖北省地势大致为东、西、北三面环山，中间低平，略呈向南敞开的不完整盆地。在全省总面积中，山地占56%，丘陵占24%，平原湖区占20%，属长江水系。湖北省地处亚热带，全省除高山地区属高山气候外，大部分地区属亚热带季风性湿润气候（湖北省人民政府门户网站，2019）。

截至2021年末，湖北省常住人口5 830万人。2021年，湖北省实现地区生产总值50 012.94亿元，其中，第一产业增加值4 661.67亿元，第二产业增加值18 952.90亿元，第三产业增加值26 398.37亿元，三次产业结构为9.3∶37.9∶52.8。人均地区生产总值为86 416元（湖北省统计局，2021）。2020年，湖北省地区生产总值43 443.5亿元，农村居民人均可支配收入为16 305.9元，消费支出为14 472.50元，都位于全国中上游水平，具体数据见表1-1。湖北省农村经济发展多样性也十分突出，既有农村经济实力较强的区域，也有集中连片的脱贫地区。从区位上来说，处于我国中部地区，地理优势、资源禀赋与周边省份有许多相通之处。选择湖北省农村开展研究，在样本选择上可选择余地较大，相关研究结论也会有很好的推广性。

单位：元

表 1−1 湖北省农民家庭年人均收支表

指标	2012 年	2013 年	2014 年	2015 年	2016 年	2017 年	2018 年	2019 年	2020 年
全年总收入	10 525.66	11 896.06	14 836.14	15 819.16	16 807.81	17 927.34	20 158.66	22 524.84	21 908.75
全年纯收入	7 851.71	8 866.95	10 849.06	11 843.89	12 724.97	13 812.09	14 977.82	16 390.86	16 305.91
工资性收入	3 189.84	3 648.20	3 298.61	3 682.91	4 023.04	4 389.58	4 886.79	5 352.90	5 271.63
家庭经营纯收入	4 123.49	4 616.55	5 009.34	5 281.41	5 534.01	5 963.95	6 270.85	6 807.69	6 745.37
转移性收入	472.51	518.07	2 415.66	2 718.79	3 009.32	3 292.77	3 634.24	4 019.61	4 074.51
财产性收入	65.87	84.13	125.44	160.78	158.60	165.79	185.94	210.66	214.39
全年总支出	8 923.73	9 477.33	16 775.27	18 257.83	19 372.81	19 739.32	23 946.03	26 484.28	24 232.53
生活消费支出	5 726.73	6 279.52	8 680.93	9 803.15	10 938.30	11 632.51	13 946.26	15 328.02	14 472.50
一、食品消费	2 154.01	2 308.45	2 724.10	2 952.69	3 295.30	3 332.38	3 928.22	4 163.70	4 304.48
二、衣着消费	316.41	347.67	495.73	549.14	568.71	626.40	783.07	825.71	780.44
三、居住消费	1 206.16	1 415.73	1 944.56	2 150.27	2 407.90	2 512.27	2 954.25	3 277.95	3 197.57
四、家庭设备用品及服务	397.86	425.00	574.31	599.92	669.01	706.20	852.22	839.58	790.90
五、交通通信消费	496.10	605.95	816.43	1 218.42	1 381.37	1 384.68	1 933.05	2 228.83	2 175.32
六、教育文化娱乐	394.63	407.42	1 010.19	1 118.15	1 156.60	1 330.67	1 551.43	1 807.64	1 382.30
七、医疗保健消费	591.87	624.40	907.33	985.09	1 213.47	1 438.32	1 588.03	1 921.78	1 558.47
八、其他商品和服务	169.68	144.90	208.28	229.48	245.94	301.59	355.99	262.83	283.01

续表

指标	2012 年	2013 年	2014 年	2015 年	2016 年	2017 年	2018 年	2019 年	2020 年
生产支出									
一、家庭经营费用支出	2 402.73	2 408.72	3 413.49	3 366.25	3 412.31	3 349.56	4 277.95	5 134.74	4 670.94
二、购置住房、生产性固定资产支出	240.00	315.23	876.97	1 244.33	862.13	762.17	1 098.59	1 293.24	1 380.44
三、税费支出	11.09								

资料来源：湖北省省统计局 . 2020 年湖北省国民经济和社会发展统计公报［EB/OL］. http：//www. hubei. gov. cn/hbfb/bmdt/202103/t20210318_3407376. shtml, 2021.

从本书研究的实践价值来看，一是反映了高质量发展的要求。在疫情常态化背景下，发展农村消费是更好发挥消费基础性作用的必然选择，也是实现经济社会和区域城乡协调发展的重要手段。激发农村消费潜力，是推动高质量发展的迫切要求，也是补齐农村消费短板、解决消费发展多维度"不平衡不充分"问题的关键。

二是体现了乡村振兴战略的目标。实施乡村振兴战略是新时代做好"三农"① 工作全局性的总抓手，其总目标是实现农业农村现代化。激发农村消费潜力，有利于推动城乡要素双向流动，促进农村产业发展和市场繁荣，提升农村居民生活水平，加快乡村全面振兴进程。

三是适应了消费升级形势的需要。互联网、5G 网络、电子商务的快速发展，推动信息、数据化产品和服务加速壮大，农村消费升级趋势逐步显现。激发农村消费潜力，有助于从供给和需求两侧双向发力，强化产销循环动力机制，实现更高水平的供需平衡，助推农村地区消费升级。

从本书研究的学术价值来看，一是丰富农村消费潜力研究视角。现有文献更多是从宏观视角出发，关注面上经济数据，了解对农村消费的影响因素。本书将采用系统视角，在关注宏观视角的同时，结合中观、微观视角，聚焦农村产业发展，探讨农民个体消费模式，形成社会、产业、个人互动的分析结论，更好揭示农村消费的变化机制。

二是拓展农村消费潜力的研究结论。农村消费潜力的研究大多着眼于统计数据，开展建模研究，关注理论验证。但从农村消费来看，绝不是冷冰冰的数据，单纯的统计数据很难反映经济社会客观真实的变化。本书将结合乡村振兴战略等国家战略，以现有统计数据为基础，到农村实地开展访谈和问卷调查，为湖北省经济社会发展提供可操作性的理论。

三是深化对影响释放农村消费潜力关键因素的理解。以湖北省数据为基础，从需求、供给等角度深入讨论农村消费的前因，明晰相关因素的影响过程，并引入对经济政策环境、商业模式创新等调节变量的研究，明确农村消费潜力影响效应的边界。

---

① "三农"指农业、农村和农民。

第二节　本书研究框架

本书分为四大部分：导论与综述、现状分析、案例研究和对策建议。导论与综述部分为引第一章、第二章，主要论述本书的研究目的、意义、方法，以及与农村消费相关的文献梳理。现状分析主要包括第三章、第四章，主要对湖北省典型地市的农村进行调研，并在现状调研的基础上，分析影响农村消费潜力挖掘等因素。案例研究主要为第五章内容，选择三个乡镇的农村消费情况进行剖析，进一步夯实研究结论的资料基础。对策建议主要为第六章内容，就理论基础、调研现状、案例分析等内容，结合省域农村经济发展实际，提出激发农村消费潜力的举措。具体框架见图 1－1。

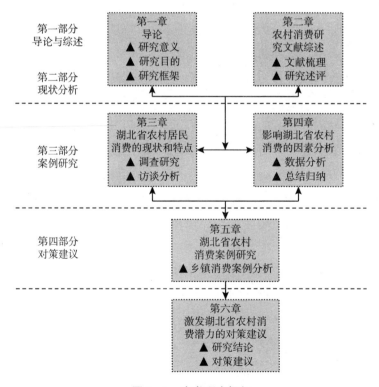

图 1－1　本书研究框架

第一章，通过阐述农村消费对当前经济发展的重要作用，论述本书的选题、意义，并对本书的编排结构、研究内容、研究方法进行说明。

第二章，主要进行文献综述，厘清农村消费研究文献脉络，梳理农村消费内涵文献，对影响农村居民收入、支出的因素，以及消费环境文献进行述评。农村消费一直是研究热点，相关理论较多，但总体来看，研究建议的操作性不足。特别是在国内外双循环的背景下，农村消费作为拉动国内循环的关键一环，如何去推动，缺少具体的意见建议。

第三章，通过对湖北省"四市七县（区）"（即湖北省宜昌都市，鄂州市梁子湖区，荆州市松滋市、沙市，孝感市孝南区、汉川市以及孝昌县）的调研走访，并结合地方政府工作报告、统计年鉴、中国家庭追踪调查统计数据等资料的二手数据分析，对湖北省农村消费情况进行了深入的全景式展现。认为农村消费支出水平逐年上升，消费支出结构不断优化升级，消费环境不断改善。

第四章，以调研情况为基础，全面分析了湖北省影响农村消费的因素，认为湖北省农村消费与城镇居民消费差距在进一步缩小，农村消费新兴业态成为消费增长点，农村消费支出水平同收入增长、社会保障以及消费环境因素高度相关。

第五章，湖北省农村消费案例研究。主要选择了湖北省安陆市字畈镇、宜昌市夷陵区龙泉镇、孝感市孝昌县花西乡等地农村，开展了深入的农村消费调查，以支撑相关研究结论。

第六章，激发湖北省农村消费潜力的对策建议。以国内外双循环经济发展为背景，针对调研情况，本书认为需要从提高农村居民收入和社会保障水平、引导农村更新消费理念、加快供给侧结构性改革、加强农村消费市场监管和消费者权益保护等方面展开工作，着力促进农村消费。同时，也结合调研过程中发现的粮食生产、卫生系统建设等突出问题给出了具体意见建议。

第三节　研究方法

本书主要根据研究目标及内容，采用以定性研究与定量研究结合，以定性研究为主的方式展开。定性研究为整体研究开展的基础，通过文献梳理、案例分析、内容分析、深度访谈等形式，丰富相关调查资料，形成整个研究的基础。定量研究会重点采用调查研究等形式，根据省市关于农村消费相关文件、年鉴等资料，对农村消费情况进行评估，分析影响农村消费的具体因素。具体研究方法、问题与数据分析方法的对应关系如表1-2所示。

表1-2　　　　　　　　研究方法及对应的研究问题

研究方法	解决问题	软件及分析工具	操作方案	样本	章节
深度访谈内容分析	了解农村消费现状，评估农村消费总情况，分析影响消费的因素	ROST content mining Nvivo 12.0 录音	对农村消费资料进行收集整理，总结归纳相关经验；对当地干部、农户就农村消费开展访谈；抓取网络相关农村消费信息，分析现有农村消费相关文件资料	当地干部、贫困户等多方评价；农村消费文件资料	第三章、第四章
问卷调查法	通过问卷调查、二手资料分析和面板数据对相关研究变量内容进行数据编码收集，了解农村消费现况	SPSS 28.0 问卷	组织调查人员深入基层，走村入户，就农村消费问题进行调研	农户	第三章
二手数据分析法	与问卷调查和访谈内容相互支撑，提升研究结论效度	SPSS 28.0	通过网络获取专业数据库资源，下载整理后，验证构建的研究假设	中国家庭追踪调查数据、统计年鉴等网络资料	第四章

续表

研究方法	解决问题	软件及分析工具	操作方案	样本	章节
案例分析法	进一步丰富农村消费资料，尝试从多个视角深入分析农村消费问题	录音；PEST 分析	深入选择三个乡镇，获取农村消费一手数据，对消费场景进行调查	湖北省宜昌市、孝感市等地乡镇	第五章

　　总体研究框架分别从农村居民收支、农村消费现状、农村消费机制环境三个方面展开，重点关注农村居民收支与农村消费现状之间的关系，并探讨农村消费机制环境对以上关系的影响。具体见图 1-2。

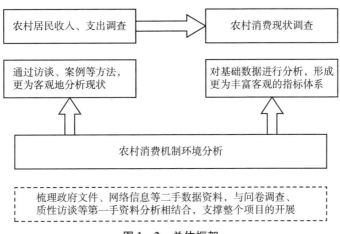

图 1-2　总体框架

　　1. 农村居民收入、支出调查

　　农村居民收入、支出数据分为两个方面，一是对现有统计数据、网络资料、政府部门数据进行整理，主要以村级为基本单位，通过多来源数据比对，尽量保证数据客观性；二是选择典型村镇，以人口资料为基础，通过问卷调查形式，获取农村居民收支数据。

　　2. 农村消费现状调查

　　一是通过统计资料对宏观的消费情况进行数据梳理，开展省市之间的对比，讨论湖北省农村消费中存在的问题。二是在省内以村为单位抽样，对重点典型乡镇进行大样本调查，结合对农村居民、政府官员、企业市场人员的访谈，深入了解农村消费供求状况，以及物流设施、信息通信等基础设施建设情况，以期得到更加合理有效的农村消费模型。

3. 农村消费机制环境分析

全面梳理农村养老、医疗卫生、教育、金融支持、粮食生产、产业发展等多方面的政策情况，了解相关政策的执行情况，以及其对农村消费的影响，探讨农民收支影响农村消费效应的边界。

第二章

农村消费研究文献综述

第一节　农村消费内涵

一、消费的内涵

（1）经典的消费概念。消费是人类和自然界的交换，是人类繁衍的自然历史过程，也是人类永恒的主题。马克思指出："人们为了能够'创造历史'，必须能够生活，首先就需要衣、食、住以及其他东西，因此，第一个历史活动就是生产满足这些需要的资料"（贾丽民，2019）。在生产、分配、交换、消费四个社会生产环节中，消费是重要环节。一方面作为社会再生产运动的终点，消费是产品从物质形态转变为价值形态，实现包含在产品中的价值增值；另一方面作为社会再生产运动的起点，消费创造出新的需要，重新推动社会的再生产运动（魏红霞，2012）。在马克思主义政治经济学视域下，消费的本质是人们处于一定的环境中，在一定观念的影响和支配下，利用消费客体以满足主体自身生存、享受和发展等需要的过程，消费可分为生产消费和个人生活消费（崔宝敏、董长瑞，2018）。人类消费不是无偿、无限地占有和掠夺，其本质是在和环境共处的基础上，不断地消费其生存所必须的物品和环境及服务，实现人类的自身再生产过程，并不断得到发展（周梅华，2001）。从对"消费本质"的界定和认识中可以看出消费的主体是人，消费的目的是满足人的需要。人的需要客观存在，但消费又不仅仅是个人的行为选择，更是需要意愿和能力的统一，受客观环境、观念、社会环境等因素影响。消费也是劳动力再生产的重要条件，是提高劳动生产率的重要因素，能够产生新的社会需求，为生产开拓广阔市场（赵东安、杨春，2009）。按照现代经济理论，支出法核算的国内生产总值（GDP），就是衡量在一定时期内整个社会购买最终产品和服务的总支出。① 最终产品和服务的支出包括消费支出、投资支出、政府购买和净出口。其中，消费支出是一国（或地区）家庭部门对最终产品和服务的支出，又分为耐用品消费支出、非耐用品消费支出、劳务消费支出三大部分。

（2）新型消费的概念。随着时代的发展，新型消费层出不穷，主要包括互联网等技术发展对消费模式的改变，环境意识增强对绿色消费的推崇，以及人们对高质量精神文化产品的追捧。伴随互联网应用平台的行业细分化发展，供应商能更精准地切入消费差异群体，消费结构也出现了许多新的变化。消费者在消费互联网条件下，以不同于以往的方式进入市场，不仅改变了其需求表达的方式和对消费品的信息搜寻方法，也改变了消费品购买的决策模式。消费者通过互联网应用平台参与产品的生产、消费过程，其对产品需求的表达更明确，不仅有利于提升需求与供给之间的信息对称性，也有利于产品的创新和生产工艺的变革，有助于形成消费者与生产者共创价值、消费与生产良性互动的生态发展模式。消费互联网与产业互联网的进一步对接，还将促进数字资源与共创价值的开发，推动产业结构的转型升级，进一步形成和优化我国经济双循环格局的形成（郑英隆、李新家，2022）。在数字技术迅速发展的背景下，消费者越来越具有生产性，消费者能更多参与到生产或服务过程。随着社会生产过程中服务逻辑的转变，顾客与顾客、顾客与企业之间的合作生产，会有效突出创新性，深度改变了消费历程。与此同时，企业在消费者生产过程中，不仅需要思考个人层面消费者收益（即效用）方面与消费者成本（即人力和

---

① 《西方经济学》编写组．西方经济学（下）［M］．北京：高等教育出版社，2017：367 - 371.

金钱成本）方面平衡，也需要着手进行网络平台层面消费者共同收益方面的再分配，以及身份转换可能性方面之间的整合，并对消费者生成内容和参与生产过程进行营销支持（曹小春，2020）。当前，新消费发展呈现出消费数量激增、消费结构高端、消费方式多元、消费受众下沉、消费环境优良等特点，但还存在消费主体能力不充分、客群不平衡，消费客体数量不足、质量不高，消费环境监管不及时、配套不完善等短板（毛中根、谢迟、叶胥，2020）。

习近平总书记强调，"倡导简约适度、绿色低碳的生活方式，要按照系统推进、广泛参与、突出重点、分类施策的原则，开展节约型机关、绿色家庭、绿色学校、绿色社区、绿色出行、绿色商场、绿色建筑等创建行动，建立完善绿色生活的相关政策和管理制度，推动绿色消费，促进绿色发展"（中共中央宣传部、中华人民共和国生态环境部，2022）。随着我国消费占国民生产总值比重的提高、对经济增长拉动作用的增强，绿色消费对资源环境和二氧化碳排放的影响也日益显现。绿色消费不仅是消费者责任，也对生产者提出了更高要求。从原材料采购、产品生产和流通、产品使用到报废产品回收处置的全过程都以低碳为标准，倒逼供给侧结构性改革，促进绿色低碳发展（周宏春、史作廷，2022）。但是，也有研究注意到，过度激励绿色消费却可能适得其反，形成"绿色消费陷阱"。绿色消费会提高消费者的道德形象感知，并为其随后的过度消费提供了道德凭证。为了规避"绿色消费陷阱"，对绿色产品进行利己型诉求而非利他型诉求，能够有效削弱消费者的过度消费倾向（施卓敏、张彩云，2021）。

习近平总书记强调，要推动文化产业高质量发展，健全现代文化产业体系和市场体系，推动各类文化市场主体发展壮大，培育新型文化业态和文化消费模式，以高质量文化供给增强人们的文化获得感、幸福感（新华社，2018）。党的十八大以来，我国文化产业发展迅猛，文化产业规模持续扩大，产业结构不断高级化，市场主体愈发活跃，对外文化贸易异军突起，实施乡村文化振兴，释放居民文化消费潜力、满足居民美好生活需求。我国文化产业始终坚持双效统一原则，在政策引领、试点先行的创新发展理念引导下，坚持融合化、集约化、协同化的发展路径，以推进产业转型升级、释放市场活力为抓手，以平台建设强化服务保障，初步建成中国特色现代文化产业发展体系和市场体系（顾江，2022）。当今时代逆全球化趋势与全球化博弈加剧，文明冲突与文化通约并存，供给侧与需求端变革加速，疫情防控进入常态化阶段。时代变局下，我国文化产业呈现出文化自信与文化自觉更加彰显、文化创新与创造转化日益增强、优质供给与消费主导趋势明显、创新驱动与新兴业态动力强劲四个主要走向。构建新发展格局应始终坚持扩大内需这一战略基点，从打通消费堵点、激发潜在消费、引领新型消费、推动跨界消费四个方面着手促进新时代文化消费（李凤亮、刘晓菲，2022）。

二、农村消费

依据国务院 2008 年发布的《统计上划分城乡的规定》，城镇包括城区和镇区。城区是指在市辖区和不设区的市，区、市政府驻地的实际建设连接到的居民委员会和其他区域。镇区是指在城区以外的县人民政府驻地和其他镇，政府驻地的实际建设连接到的居民委员会和其他区域。[①]农村是指该规定划定的城镇以外的区域。城镇人口是指居住在城镇范围内的全部常住人口；乡村人口是除上述人口以外的全部人口。依据国家统计局指标解释，居民消费支出是指居民用于满足家庭日常生活消费需要的全部支出，既包括现金消费支出，也包括实物消费支出。消费支出可划分为食品烟酒、衣着、居住、生活用品及服务、交通通信、教育文化娱乐、医疗保健以及其他用品及服务八大类。[②]

改革开放以后，我国经济社会发展取得巨大进步，我国居民消费不断升级。在消费层次上遵循生存型→稳量型→扩量型→提质型消费的路径，在消费形态上遵循食物型→实物型→服务型消费的路径，在消费方式上遵循苦难型→传统型→新型消费的路径（刘敏，2021）。近年来，农

---

① 国家统计局. 统计上划分城乡的规定［EB/OL］. http：//www.stats.gov.cn/xxgk/tjbz/gjtjbz/201310/t20131031_1758903.html，（2008－07－12）［2022－04－19］.

② 国家统计局. 统计指标解释：人民生活［EB/OL］. http：//www.stats.gov.cn/tjsj/zbjs/201912/t201 91202_1713055.html，（2008－07－12）［2022－04－19］.

业农村的利好政策频频出台，农村消费步入快速的提质升级阶段。农村居民食品、衣着消费从低水平向较高层次发展，住房消费增长快，家电消费步入普及化，服务型消费比重增加。中国农村居民的消费结构在不断改善，而且已经发生了根本性的变化，生存性消费比重逐步降低，发展性消费开始成为提高农民福利水平的主要手段（滕永乐、孙雪萍，2013）。但从省域的发展比较来看，农村消费仍存在较大差异。部分省级行政区农村消费支出集中于生存型消费支出，发展型、享受型消费支出相对较少，消费层次整体偏低，消费结构有待优化（韩永军、王宝成，2015）。王东和柴国俊（2021）利用 2009～2018 年各省数据进行实证检验，发现农业供给侧结构性改革促进了农民消费水平提升和消费结构升级，提升效应表现为中、东、西部地区依次递减的区域非平衡特征。同时，农业供给侧结构性改革的组成成分影响农民消费的效应亦具有区域差异性，各地区依托农业主体生产能力指数，实现农民消费水平提升的效应较强，依靠农业资金保障能力指数，影响农民消费水平的效应较弱。

三、居民消费与经济增长

基于我国的经济和社会现实，居民消费与经济增长的议题受到广泛关注。宏观经济学理论认为拉动经济增长有"三驾马车"：投资、出口、消费，转变经济增长方式要依靠三者协同拉动。城乡居民消费对经济增长的拉动效应具有差异性。基于经济增长率核算方程，从不同时期、城乡和区域三大维度对居民消费的经济增长拉动作用进行测算，概括居民消费对经济增长的拉动作用的分布特征。在城乡特征层面，城镇居民消费对经济增长拉动作用显著高于农村消费对经济增长拉动作用（刘东皇、朱高林，2021）。

近年来，随着精准扶贫、乡村振兴等政策的实施，农村消费对经济增长拉动作用有所提升，农村消费对经济增长的显著促进作用得到学术界认可。农村消费对经济增长的拉动效应，也呈现出明显的时间差异和区域差异的特征。陈亮、朱琛（2010）对 1985～2008 年农村消费与经济增长之间相互关系的变动趋势展开实证分析，认为在 1985～1995 年，农村消费对经济增长的拉动作用比较明显，而在 1996～2008 年，农村居民的消费对经济增长的拉动作用显著降低。同时，我国各地居民的消费差异比较大，产生差异的原因虽然有消费习惯方面的因素，但更多是受到各个地区之间的经济发展不平衡的影响。我国东部地区农村人均实际消费水平高于中西部地区，并且高于全国农村平均消费水平；中西部农村地区的人均实际消费低于全国农村平均消费水平，直接导致了农村消费对经济增长推动作用的差异（张守莉，2020）。农村居民人均消费支出与城镇居民人均消费支出的绝对差额，总体也呈逐渐扩大趋势，且农村居民人均消费支出增速相比于收入增速的波动性更大，近年来有增速放缓的现象（唐博文、郭军，2022）。

四、居民消费升级与经济高质量发展

2020 年，在党的十九届五中全会第一次全体会议上，习近平总书记从国内、国际两个大局的高度，对高质量发展作出精辟而深刻的论述，"当前，我国社会主要矛盾已经转化为人民日益增长的美好生活需要和不平衡不充分的发展之间的矛盾，发展中的矛盾和问题集中体现在发展质量上"。我们必须把发展质量问题摆在更为突出的位置，着力提升发展质量和效益（陈晋，2017）。消费结构升级对高质量发展具有显著的积极作用，消费升级的三个维度分别是：消费规模扩大、消费内容优化和消费结构提升（孙久文、李承璋，2022）。城乡消费结构具有显著的从生存型向发展型过渡的转型升级特征，农村居民消费结构整体更新速度已经进入超过城镇居民的阶段，并且具有加速升级趋势，边际消费倾向和消费弹性显著促进了城乡居民消费结构的趋同（孙皓、宋平平，2019）。基于1981～2018 年城乡居民 8 大类消费支出数据的分析，唐升、孙皓（2022）认为我国城乡居民总体消费结构和具体支出呈现趋同演化的过程。其中，交通通信、医疗保健等高层次消费项目对城乡居民消费结构趋同的贡献逐渐强化，居民消费倾向、收入水平等因素对消费趋同性形成具有重要影响。同时，也应注意到家庭负债增加对消费的抑制作用，进而延缓了经济发展。家庭负债增加对家庭消费性支出有显著负向影响，家庭负债的增加阻碍家庭消费结构的优化升级（张自然、祝伟，2019）。

消费结构的升级，对产业结构的转型优化具有显著的促进作用。中国居民对第三产业的消费比重逐渐上升，带动第三产业增加值在整个国内生产总值中的比重上升，实现了产业结构转型（张守莉，2020）。基于2005~2020年省际面板数据的分析，徐卓顺、赵奚、夏海利（2022）认为消费升级会有效促进产业结构转型升级，该效应的区域空间外溢效应明显。从微观领域来看，消费升级可以通过恩格尔效应①和鲍莫尔效应②带动产业升级，有利于产业结构迈向中高端（杨天宇、陈明玉，2018）。也有学者给出了更加明确的量化证据，认为消费升级可以解释中国产业结构变化的29.64%（石奇、尹敬东、吕磷，2009）。消费升级对促进中国制造业价值链攀升具有重要作用，能诱发全球价值链的中高端环节向本地转移，从而推动价值链攀升（谢呈阳、刘梦、胡汉辉，2021）。总体来看，消费升级对产业全要素生产率都具有促进作用，其对工业全要素生产率的促进作用大于对服务业全要素生产率的促进作用（马广程、许坚，2020）。居民消费结构的转型升级有助于推动经济持续增长和产业结构优化，是经济发展质量提高的有效驱动力（Foellmi，2005）。

消费结构和产业结构存在双向良性互动关系。通过消费总量和消费结构两个方面衡量，消费升级都能显著促进产业结构升级，产业结构升级也能反过来促进消费总量增加和消费结构升级；但从作用强度上来看，消费升级对产业结构升级的作用效果更大，而产业结构升级对消费结构升级的作用相对有限（王云航、彭定赟，2019）。后疫情时代，消费复苏是产业升级和消费升级的基础；产业升级通过"总量扩张效应""结构优化效应"促进消费升级，消费升级通过"收入增长效应""要素配置效应"促进产业升级（陈洁，2020）。居民消费升级对经济高质量发展的作用机理体现在三个方面：一是消费升级推动高质量供给；二是消费升级牵引高质量需求；三是消费升级是促进经济与社会协调发展的着力点

---

① 恩格尔效应（Engel effect），是指某种商品需求量的比重随着经济增长而发生的变化。

② 鲍莫尔效应（Baumol effect），是指在考察期间内，各行业劳动生产率和行业权重变动间的相互影响对整体劳动生产率的作用效果。

（李世美、郭福良、谭宓，2022）。消费升级会通过产业升级影响我国经济高质量发展，并具体通过影响产业结构升级和产业全要素生产率调整，提升服务业全要素生产率和相对抑制工业全要素生产率，对经济高质量发展产生进一步的促进作用（史丹、李鹏等，2020）。从不同地区来看，消费结构升级对东、西部地区经济质量提升具有显著的积极作用，但对中部地区的影响并不显著（陈冲、吴炜聪，2019）。

五、消费潜力

实现我国经济持续发展的原动力在于内需。农村消费市场广阔，有很强的包容性，而农村消费在内需中占有举足轻重的地位。早在新世纪初，已有众多学者关注我国农村消费市场潜力研究。广泛关注了农村居民可支配收入水平、储蓄水平、农村消费结构、农村商品市场发展阶段以及国家对农村的财政投入水平等领域。苏星（2000）认为我国农村消费潜力巨大。仪明金、邰秀军、张喆（2012）基于1978～2010年我国农村居民的消费收入数据，通过分析农村消费水平的变化趋势、城乡消费水平差距扩大的趋势、贫困地区居民和其他农村地区居民的消费差异等指标，同样得出农村消费潜力大的结论。但同时，也关注到农村消费倾向走低、收入增幅缩窄，可能影响农村居民释放消费潜力的现象。通过对2001～2019年城镇居民和农村消费的不平衡程度进行测度，以2013年为分界点，李研、洪俊杰（2021）认为我国消费不平衡经历了从农村大于城镇向城镇大于农村的转变。区域间消费不平衡是总体消费不平衡的主要来源，农村居民表现更为显著。食品支出是影响城镇和农村消费支出不平衡的首要因素，而2013年之后城镇消费不平衡主要源于居住支出。城镇和农村消费总的不平衡变化、区域内和区域间不平衡变化中集中效应占主导作用。近年来，大部分省份的人均消费支出缺口变动幅度相对变小，城镇居民潜在消费偏离实际消费的程度要小于农村居民。从群体差异视角来看，如果农民工转换为城市居民身份，按照城市居民的消费模式进行消费，但保持其禀赋特征不变，其人均总消费将大幅度增长27%，与城市居民消费水平基本相当。如果将农民工的收入水平、养老保险覆盖水平和受教育水平等禀赋特征不断改善一并考虑在内，农民工的消费潜力将更大（王美艳，2016）。

新形势下，挖掘农村消费潜力是中国经济良性循环发展的重要举措。农村消费市场规模庞大，人均可支配收入逐渐增加，具备一定的消费能力，从长期看，农村消费潜力还有很大增长空间（曹立、薛世斌，2021）。未来中国居民消费的增长点主要有：将乡村发展战略变成战绩，提高农民收入和消费增速；促进城镇化发展，拉动居民消费增长；缩小区域发展差距，填平中西部地区消费凹地；迎战人口老龄化，促进养老产品和医疗服务需求增长；通过进一步改革和发展，把中国居民的部分外需回流为内需；改革和完善收入分配制度，提高居民消费率。要把这些消费增长点变成现实，需要通过进一步深化体制改革、完善促进消费的体制机制，以增强消费对经济发展的基础性作用（方福前，2021）。

关于激发农村消费潜力的路径，从不同角度出发，很多学者也给出不同见解，大致有以下一些内容。从改善消费产业结构和居民消费结构；优化收入结构，提高居民可支配收入；坚持惠及民生的政策改革，完善社保体系；顺应消费习惯变化，增强消费领域企业、个人信用体系建设等方面入手，提升我国居民消费水平（龙腾，2018）。从更好满足人民美好生活需要、进一步增强消费对经济增长基础性作用的角度出发，应注意提高政策稳定性、精准性和协调性，着力稳定居民收入和消费预期，进一步改革增值税和消费税，营造良好消费环境（王蕴，2019）。促进消费潜力的释放，必须注重优化我国流通产业空间结构。优化我国商贸流通业空间结构，突出解决区域间流通空间结构失衡的问题；充分发挥流通节点城市的功能，推动城市间流通业的合作共赢；坚持城乡协调发展，突出解决城乡之间流通空间结构失衡的问题；大力推进城市实体零售业的高质量发展，突出解决城市内部零售业空间结构失衡的问题（柳思维，2019）。

六、消费理论

在收入和消费的关系方面，存在着一条基本的心理规律，即当人们可支配收入水平较高时，他们的消费量也较大；反之，则情况相反。家庭消费与可支配收入的函数关系可以用公式表示（约翰·梅纳德·凯恩斯，2009）。消费函数是宏观经济学中最简单的消费函数形式，被称为"凯恩斯的绝对收入假说"。除了可支配收入外，利率、价格水平、收入分配、预期等因素也都会影响消费水平。社会消费函数是家庭消费函数的总和，但社会消费函数并不等于家庭消费函数直接加总。通过家庭消费函数去求社会消费函数时，还要考虑国民收入的分配状况、政府税收政策、公司未分利润在利润中所占比例等一系列限制条件。随后，费里德曼提出人们的消费支出取决于持久性收入，而不受暂时性、短期收入的影响（Friedman，1957）。

相对收入假说认为，消费者会根据自己过去的消费习惯以及周围人们消费水平的影响来决定自己的现期消费水平（Duesenberry，1949）。习惯上，人们增加消费容易，而减少消费比较难，即"由俭入奢易，由奢返俭难"。生命周期假说的消费理论认为，人们在特定时期的消费不仅与他们在该时期的可支配收入相联系，而且人们会在更长时间范围内计划他们生活中的消费开支，以达到他们在整个生命周期内消费的最佳配置（Modigliani and Brumberg，1954）。根据生命周期的消费理论，如果社会上青少年和老人比例增大，则消费倾向会提高；如果社会上中年人比例增大，则消费倾向会下降。利用美国1957~1988年的数据分析，发现美国居民消费当期收入多于永久收入（Campbell and Mankiw，1991）。消费与收入、财富的流动性是相似的（Fisher and Jonathan et al.，2016），收入的不平等直接导致消费的不平等（Jappelli and Pistaferri，2008）。

第二节　农村居民收入影响因素

农村居民收入一般是指农村居民家庭全年总收入，包括工资性收入、经营性收入、财产性收入、转移性收入等部分。从农村居民收入的构成来看，影响收入的因素有很多，涉及政策层面、价格层面等，甚至还会有金融服务、新冠肺炎疫情等环境的影响。

一、宏观环境

农村经济发展水平、农村居民收入支出，都与宏观经济环境息息相关。改革开放以来，农民收入增长波动与宏观影响因素密切相连，农民收入增长与 GDP 及各产业增长的波动周期也具有强关联性（张红宇，2021）。农民增收是发展现代农业的核心目标，通过农村第一产业、第二产业、第三产业融合，可以拓宽收入范围，紧密利益联结，进而提高农户收入。第一产业和第二产业的增长对农民收入增长有显著的贡献，但第三产业增长对农民收入增长影响不显著。农民收入增长波动的主周期与 GDP 及非农产业增长波动的主周期一致，农民收入增长波动的副周期则与农业产业增长波动的主周期一致（许秀川、温涛，2015）。乡村振兴背景下，宏观经济增长的正向增收效应显著，政府财政支出、第一产业发展以及三次产业融合均对农村居民增收有显著的促进作用，且三产融合的增收效应最为显著（陈一鸣、魏修建，2022）。农村产业融合发展对农民收入增长的作用，主要通过促进家庭经营收入和工资性收入增长而实现；农村产业融合发展的收入效应存在明显的区域异质性，主要原因是农村产业融合发展促进农民收入增长，受到自身发展水平、农村经济发展水平、农业保险深度和农村基础设施建设等因素的影响（张林、温涛、刘渊博，2020）。随着非农人口就业能力的提高，参与农村产业融合的农户家庭人均收入的预测边际值比未参与农户的高、基尼系数的预测边际值比未参与农户的低（蔡洁、刘斐、夏显力，2020）。

农村产业融合发展对城乡收入差距的影响表现为，农村产业融合发展不仅对城乡收入差距存在直接的缩小效应，还通过促进农村经济增长和加速城镇化两个间接途径，显著缩小了城乡收入差距，即呈现农村产业融合发展→农村经济增长（或城镇化）→城乡收入差距的传导机制（李晓龙、冉光和，2019）。相较于传统农业单一发展模式，农村第一产业、第二产业、第三产业融合的增收效应在50%以上（李云新、戴紫芸、丁士军，2017）。通过对农业产业发展的实地调研，针对农村产业融合发展与农民增收互动机制的问题，李乾、芦千文、王玉斌

（2018）认为当前农村产业融合发展促进农民增收，主要包括劳动力、土地、资金以及产品增收等路径，而技术、物质资本等增收路径相对较少。农民收入水平提高也从创造产业融合的规模经营条件、提高对产业融合的认知与诉求、促进参与产业融合主体身份转变、改善产业融合发展环境等方面对农村产业融合做出相应反馈，逐渐形成良好的互动互促关系。

农业供给侧结构性改革释放了农业产业转型发展的重要信号，为加速我国农业结构优化发展、提高农业综合效益、促进农民增收指明了方向。在农业供给侧结构性改革背景下，农业固定投资、农业科技进步对农民收入增长有着显著的正向促进作用，但对提升农业土地利用率的作用相对较弱（郭天宝、周亚成，2017）。农业综合开发投资能够显著提高农民收入，而且会持续带动农民增收；通过土地治理项目和产业化经营项目，农业综合开发投资会从不同的路径影响了农民收入水平。其中，土地治理项目能够提高农业生产能力，促进粮食增产，进而实现农民经营性收入的增长。产业化经营项目，一方面能为农民提供更多的就业岗位，拓宽农民增收渠道，实现非农就业收入的增长；另一方面能够改变传统"小农"生产模式，释放农村劳动力，促进农民向第二、三产业转移，从而提高农民的工资性收入（赵勇智、罗尔呷、李建平，2019）。

与此同时，农村居民增收的宏观风险因素也不容忽视。中国的户籍制度对中国家庭消费会有一定的约束作用，户籍制度会增加农民工群体的预防性储蓄，在一定程度上抑制其消费（Chen, Lu and Zhong, 2015）。近年来，受经济下行压力的影响，我国农民收入增速逐步放缓，区域性、行业性、群体性减收问题在部分地区出现，收入增速"跑过"经济增速的态势出现了逆转趋势。农民增收面临价格支持政策改革节奏快慢、社保缴费比例调减幅度大小、财政转移性收入增长多少、农村土地制度改革进程急缓、环保政策执行松紧五大"两难"矛盾（蓝海涛、王为农、涂圣伟、张义博、周振，2017）。在新发展阶段，宏观层面促进农民增收的对策选择将持续发力。一系列利好政策将先后落地，推进经济高质量发展，坚持经济发展就业导向并创新经济治理方式；加强对西部地区、粮食主产区特别是东北地区的财政支持，完善小微企业、民营经济发展的产业生态和创新创业生态；以粮食主产区、重要农产品生产保护区、特色农产品优势区为重点，加强对农业农村基础设施建设和农业生产性服务业发展的支持；落实完善乡村产业发展支持政策，加强对乡村企业发展的支持；完善农产品价格形成机制，优化农产品市场调控方式；全面促进农村改革深化和城乡联动发展，加强农业农村劳动力培训体系和服务能力建设（姜长云、李俊茹、王一杰、赵炜科，2021）。

二、政府财政投入

财政支农资金等财政投入对农民增收会起到积极作用，也对农村消费有显著拉动效用，其中，支农支出和农业基本建设支出对消费有明显促进作用，但相关研究还未发现农业科研和农村救济费对农村消费有显著影响（张攀峰，2012）。通过考察财政支农资金对实现农民增收的作用机理，李萍、王军（2018）认为财政支农资金会逐步转为农村集体资产，通过推动股权量化改革、提升资源禀赋，进而促进农民增收。财政支农资金对农民增收影响力度由大到小依次为：财产性收入、经营性收入和工资性收入。通过对 1998～2018 年相关时间序列数据的分析，陈利、黄金辉（2020）认为政府对农村生产发展、义务教育的直接财政投入对农民增收具有显著的正效应，但教育投入效应的时滞性较强。财政对农业设施和设备的补贴，也对农民增收有深远影响。农机具购置补贴促进农民增收，受补贴农户收入明显高于未受补贴农户。随着时间的推移，补贴政策越完善，增收效应也越明显（杨义武、林万龙，2021）。农机购置补贴政策也显著促进了农机行业的技术创新，进一步推动农民增收（周应恒、张蓬、严斌剑，2016）。农机购置补贴政策不仅有利于提升农业机械化水平，也会减少污染性农业生产行为（田晓晖、李薇、李戎，2021）。基于 2010～2019 年全国 31 个省份的相关数据分析，李艳秋、辛立秋、赵孟鑫（2021）认为财政支农与农村金融的深化发展对农村居民收入水平增长有促进作用，并具有空间溢出效应。从区域异质性特征来看，西部地区省份财政支持对农民增收的促进作用最为显著。

与此同时，从城乡平衡发展来看，财政资金城乡分配不均衡仍会加剧城乡收入差距。财政农业支出确实有利于农民增收，但其对缩小城乡居民收入差距的效果并不明显（李普亮，2012）。从财政支出城乡分配来看，财政支出存在的城市偏向性仍然明显。同时，财政支农支出存在结构不合理和区域差异性大的特点，财政支出对城乡收入差距甚至会出现扩大的效应，对缩小城乡收入差距的效率低下，我国目前的财政支农支出结构并不能有效缩小城乡收入差距（肖育才、姜晓萍，2017）。袁小慧、郭李为、范金（2022）从"重视弱者"的角度探讨政府转移支付政策对农村消费的影响，认为"重视弱者"的转移支付政策有利于农村消费的总体提升。其对农村居民食品、居住、教育、交通通信等消费的影响较大，而对医疗卫生消费的影响较小。

三、城镇化水平与人口流动

城镇化进程中，大量农业人口转移到非农就业，非农就业大幅增加农村居民收入，也在很大程度上改变了农村居民收入结构。提高城镇化水平，加快城镇化进程对农民收入产生重要的正向作用。城镇化会推动人口流动与迁移，人口迁移因子对提升农村居民收入的促进作用显著。在精准扶贫工作过程中，推动部分环境恶劣片区居民整体外迁是减贫的一条重要途径（康江江、宁越敏、魏也华、武荣伟，2017）。人口流动通过直接与间接效应对农村消费也表现出显著的正向影响，人口外流与老龄化均不同程度刺激和提升了农村消费（谭江蓉、杨云彦，2012）。城镇化水平提高能够推动城市消费率的增长，该关系在我国不同地区间存在显著区别，中部地区城市比东部地区城市更容易通过扩大人口规模，提高城市生产能力和消费率增速，而东部地区城市只有通过提升农民工福利待遇，才能够促进消费率增长。同时，城镇化速度过快则会阻碍消费率增长（雷潇雨、龚六堂，2014）。王子成（2012）利用2006年中国综合社会调查数据，估计了农村劳动力外出务工及其汇款对中国农户家庭收入的影响，提出外出务工对农户家庭农业经营收入、非农经营收入和其他收入均产生了较大的负面影响，汇款只能部分补偿外出务工对农户家庭生产经营所带来的负面影响；但考虑到农村劳动力外出前后家庭规模的变化，劳动力外出务工仍对农户留守家庭成员的人均收入产生了正向影响。当前，农村劳动力外出务工对输出地农村经济发展所带来的负面影响值得引发思考和重视（王子成，2012）。从人口转移数量看，劳动力转移对农民收入的影响在西部、中部和东部地区表现出随着劳动力转移数量的增加，从不显著到负向作用再到正向作用的变化规律，说明随着劳动力的转移，对农民收入的影响会随着劳动力转移数量的增加而提升（刘晓丽、潘方卉，2019）。劳动力之间由于性别、年龄和教育等因素的不同，也存在巨大差异。农村劳动力具有异质性，不同特征劳动力外出务工对家庭收入的影响存在显著差异；考虑异质性后，一个外出务工和一个在家劳动的劳动力对家庭收入的平均贡献率分别为23.8%和22.5%，远高于传统估计下的14.8%和10.8%；外出务工扩大了农村内部收入差距，而传统估计方法的结果却表明外出务工有可能缩小收入差距（甄小鹏、凌晨，2017）。

四、土地流转制度

伴随着城镇化进程的加快，农村土地流转也成为当前研究关注的焦点之一。土地流转是指土地使用权流转，拥有土地承包经营权的农户将土地经营权（使用权）转让给其他农户或经济组织，即保留承包权、转让使用权。土地流转能够有效改善土地资源配置效率，有利于促进农民获得财产性增收。杜鑫、张贵友（2022）利用2020年中国乡村振兴综合调查（CRRS）的农户数据，通过模拟计算土地流转的增收效应，认为土地转入行为对土地转入户的增收贡献较为显著，使其家庭人均纯收入从18 050元增加到20 013元，增收幅度约为10%；土地转出行为对土地转出户收入影响效果较小，使其家庭人均纯收入从17 064元略微下降到16 854元，下降幅度约为1%。整体的土地流转活动使得全部农户的家庭人均纯收入从17 227元增加到17 765元，增收幅度大约为3%。陈斌开、马宁宁、王丹利（2020）基于1986～2008年农业部固定观察点数据，发现历史上自耕农比重越低的村庄，改革开放以来的土地流转率越高。整体来看，土地流转并没有提高平均农业生产率，只有当土地流转促进了规模化经营时，农业生产效率才能提高。土地流转有利于提高农民收入，其原因在于，土地流转让更多人从事了非农就业，提高了外出务工收入和经营性收入。

土地经营权流转在促进农民收入增长的同时，也完善了现有的土地制度。利用 2000 ~ 2012 年的农户家庭微观调研数据，冒佩华、徐骥（2015）发现土地流转能显著提高农户家庭的收入水平，简单从数据均值来看，土地流转能使任意样本农户家庭和已流转土地的农户家庭的收入分别增加 19% 和 33%。基于湖南省邵阳市跟踪调研数据的研究，李中（2013）比较参与土地流转和未参与土地流转的农户收入差异，认为参与土地流转的农户人均纯收入、非农务工人均纯收入和农村土地出租人均纯收入都明显增加，农作物种植人均纯收入明显下降。农村土地流转后，非农务工人均纯收入和农村土地出租对参与农户人均纯收入增长的贡献率高达 76%，与农业的自然灾害和市场风险相比，该贡献具有一定的稳定性和持续性。杨子、马贤磊、诸培新、马东（2017）利用中国家庭追踪调查（CFPS）数据，从收入水平和收入差距两个维度分析土地流转对农民收入的影响，认为参与土地流转能够显著提高农户家庭收入水平。分维度来看，土地流转使转入户家庭人均总收入和农业收入显著提高 18.18% 和 72.46%，并且大规模转入的农户人均总收入的增加程度显著高于小规模转入农户，说明土地流转存在规模效应。土地流转对农村内部收入差距的贡献度为 4.19%，排名第 5 位，土地流转不是造成农村内部收入差距拉大的主要原因，人力资本和村庄特征对农村内部收入差距影响较大。李庆海、李锐、王兆华（2012）根据 2003 ~ 2009 年 817 个样本农户的微观面板数据展开研究，识别出了农户租入和租出土地决策的影响因素，认为在自愿基础上进行的租赁，无论是租出土地还是租入土地，都会增加农户效用，提高农户福利水平。农地产权能够通过调节农户农业生产要素配置来间接影响农户收入，其中农地使用权和收益权的强化能够激励农地要素配置规模的增长，农地使用权的强化还可以在一定程度上提高农户的农业劳动时间（李涛、张鹏，2020）。

五、农村金融服务

农村金融与农村居民收入、支出有着紧密联系，但从农村实际来看，农村金融服务仍有较大的发展空间。随着农村金融服务水平提升、服务范围扩大，其促进农村居民增收效应日趋显著。1982～2014年间，我国农村金融发展对农村消费的影响存在明显的时变效应。1996年之前，农村贷款对农村消费的促进作用微弱，农村存款和农村保险的增长抑制了农村消费增长；1996年之后，农村存款、贷款和保险均表现为对农村消费的促进作用。短期来看，农村贷款对农村消费的促进作用最为显著，长期来看，农村消费的增加将更依赖于农村贷款和农村保险（齐红倩、李志创，2018）。农村金融发展对农村消费增长具有明显的正向促进作用，并且随着时间推移逐步增强（张毓卿、周才云，2012）。

具体分类别来看，农业保险对提高农户收入的作用仍存在争议。大部分学者认为，农业保险对农民增收有积极影响；也有学者关注到农业保险对农民增收的影响受到一些边界效应限制，甚至会产生负向影响。农业保险密度、深度对农村居民家庭人均纯收入均具有显著的正向影响，即农业保险对农村居民家庭收入的增长具有积极的促进作用（李琴英、崔怡、陈力朋，2018）。黄颖和吕德宏（2021）认为农业保险通过直接效应和间接效应两种渠道提高农民收入，其相对贡献分别为61.19%和38.81%，农业保险对农民收入的整体影响为正，但影响作用较小。其中，要素配置的总体中介效应显著，农业投资和技术进步是农业保险助力农民增收的关键传导机制（黄颖、吕德宏，2021）。农业保险灾前效应对农民收入具有显著的负向影响，灾后效应对农民收入具有显著的正向影响。综合来看，农业保险总效应对农民收入具有显著的正向促进作用（周稳海、赵桂玲、尹成远，2014）。刘玮、孙丽兵、庹国柱（2022）利用2008～2018年的全国省级面板数据，开展农业保险发展对农户经营性净收入影响的研究，认为农业保险的保障水平在保障广度和保障深度两方面影响农户经营性净收入，并起着显著的中介作用。在农业灾害发生前，财政保费补贴比例的提高有助于增强保障广度和深度，提升农业保险的保障水平；在农业灾害发生后，保障赔付效益对低保障水平的农户增收效应具有抑制作用。农业保险对农村居民增收的积极作用，还体现在返贫效应上。郑军、方田（2019）利用 2007～2016 年省级面板数据展开研究，认为提高农业保险保障水平可以有效防止农户陷入贫困。农业保险保障水平提高 1%，农户经营性收入正向变化 0.26%。受农民收入水平制约，农业保险对农民农业收入的影响表现出鲜明的门槛特征。只有当农民收入水平超过一定的门槛值以后，发展农业保险才会显著提高农民收入。而当农民收入水平较低时，投保农业保险反而会显著降低农民收入（石文香、陈盛伟，2019）。张小东、孙蓉（2015）从农业保险区域差异视角展开研究，发现除北京市以外，其余省份的农业保险对农民第一产业经营收入都有正向的促进作用，但各区域的贡献度差异明显。越是早期推行农业保险补贴的省份，农业保险对农民第一产业经营收入的贡献度越大。同时，有些学者提出了截然不同的观点，祝仲坤、陶建平（2015）利用 2007～2012 年省级面板数据开展研究，检验了农业保险及保费补贴对农户收入的影响，提出投保农业保险的道德风险，即投保农业保险可能会导致农户管理水平下降，农业保险发展中还可能存在门槛效应、排序效应或排斥效应，农业保险对农户收入有显著负效应。

乡村振兴战略中的金融政策提出了"保险＋期货"模式，农业保险和农产品期货市场发展迅速。"保险＋期货"模式中保险公司参照期货价格设计保险产品，并通过期货公司购买场外期权规避价格风险。农业生产经营者通过购买保险产品实现避险，在此过程中期货市场担当了再保险的角色，充分发挥了农业保险和农产品期货市场各自的优势。"保险＋期货"运作机制有利于稳定和提高农民收入，顺利推进粮食收储制度改革以及完善农业保险和农产品期货市场功能（蔡胜勋、秦敏花，2017）。但在具体运作过程中，也存在一定障碍。现阶段，我国期现货市场的互动关系较弱，仅在玉米的期货价格与现货价格间发现单向的引导关系，尚未对农户形成有效的保障（郑军、杨玉洁，2019）。

数字普惠金融在精准扶贫工作中发挥显著的积极作用。杜蓉、乔均（2021）基于 2005～2019 年中国省级面板数据研究表明，农村消费水平整体上呈上升趋势，但区域发展不均衡，整体上呈现出"东部—中部—

西部"梯度递减的分布特征。金融发展对农村消费具有正向效应，但消费层次受影响程度存在差异，呈现出"生存型消费支出＞享受型消费支出＞发展型消费支出"的消费层次异质性特征。数字普惠金融提升了居民消费水平，优化了居民消费结构，实现了居民消费结构升级。数字普惠金融主要通过缩小城乡收入差距和优化产业结构两种机制提升居民消费水平和优化消费结构（江红莉、蒋鹏程，2020）。从全国层面来看，数字普惠金融发展能够显著促进农村消费。扩大数字金融覆盖广度、使用数字支付服务和信贷服务都能够有效提升农村消费水平。其中，数字支付服务对农村消费的促进作用最为明显，而数字信贷服务对提升消费发挥的作用有限（郭华、张洋、彭艳玲、何忠伟，2020）。总体而言，数字金融及其三个子维度，即覆盖广度、使用深度和数字化程度均显著提高居民整体消费水平，并促进消费升级。分城乡检验中，数字金融在提升城市和农村消费水平的同时，也促进了城市居民消费升级。实证结果也显示，数字金融对农村消费升级作用不显著。分地区检验中，数字金融对促进东部地区和中部地区居民消费升级具有显著作用，而对促进西部地区居民消费升级的作用不显著（杨伟明、粟麟、孙瑞立、袁伟鹏，2021）。同时，农业信贷配给是农村居民收入地区差异产生的重要诱因，农业信贷配给程度对农村居民收入的地区差异的作用机制存在"阈值效应"，农村居民收入水平超过临界值时，其作用机制会较快地由线性机制转换为非线性机制（刘艳华、朱红莲，2017）。

六、农业基础设施

农村基础设施已经成为推动农业发展、增加农民收入的关键因素，一般认为农村基础设施对居民收入具有显著的正向影响。分区域来看，生活基础设施对中部地区居民的收入增长效应最为显著，生产性基础设施对东部地区影响最为显著。分收入水平来看，农村基础设施对低收入居民的影响显著高于高收入居民，收入较低的群体从农村基础设施中获益更多（高越、侯在坤，2019）。总体上座机电话和自来水等农村通信、生活等基础设施有利于提高农村居民的收入水平，帮助缩小中国的城乡收入差距；收入较低的群体从农村基础设施中获益更多，意味着农村基础设施可以缓解农村内部收入差距过大的情况（张勋、万广华，2016）。分不同基础设施来看，能源基础设施投资对农民收入具有正向促进作用，而社会事业基础设施投资却存在抑制作用。除西部地区外，交通通信基础设施投资也对农民收入具有正向促进作用（陈银娥、刑乃千、师文明，2012）。

农业机械化与劳动力转移均可显著地促进农民收入增长，其中，机械化既可以直接作用于农业收入增长，也可以通过劳动力转移间接作用于非农收入增长；劳动力转移则直接作用于非农收入增长（李谷成、李烨阳、周晓时，2018）。周振、张琛、彭超、孔祥智（2016）基于2003~2008年中国全部县级层面的面板数据检验，提出农民收入关于农机总动力的弹性至少为0.4，农业机械化通过粮食产出和劳动力转移两条路径对农民收入产生作用，提高粮食产出，降低劳动成本，进而提高农民收入。从长期来看，农业机械总动力每增加1%，农民人均纯收入会上涨1.4561%，农业机械化与农民人均纯收入之间的灰色关联度为0.8345（李玉波、杨淑杰、邬伟三、许清涛，2021）。具体来看，农业机械化对农民可支配收入、工资性收入、家庭经营性收入三种收入类型均产生显著正向作用效果。其中，对农民工资性收入产生较大影响（陈林生、黄莎、李贤彬，2021）。

同时，也有研究注意到，虽然基础设施投资可以促进总体消费水平提升，但其对于消费结构的影响呈现出两面性。基础设施投资促进了交通通信类、居住类、杂项类消费，抑制了家庭设备类、医疗保健类消费；基础设施投资的挤入效应和挤出效应并存（李涛、胡菁芯、冉光和，2020）。贾立（2015）采用1978~2013年的相关数据进行实证分析发现，农业基础面因素和农村科技面因素对中国农民收入增长具有正向促进作用，中国农民收入对农业基础面因素和科技面因素的影响也呈现正向效应，两者之间存在积极的互动效应（贾立，2015）。

七、信息化和数字化

随着信息化的普及，农业掀起信息化变革，信息化和数字化促进农民增收效应显著。以电子商务进农村综合示范政策为例，就全国整体数据而言，大约能使当地居民人均收入提升3.0%。该政策的增收效应存在地区异质性，东部地区强于中西部地区，且信息通信技术（ICT）基础设施、人口流动和人力资本会影响政策增收效果；网点建设和品牌培育是电子商务进农村综合示范政策发挥增收效应的主要渠道，且相互之间存在互补性（唐跃桓、杨其静、李秋芸、朱博鸿，2020）。专业性涉农电商平台实现土地流转模式和农产品产销模式双创新，形成农业资源的合理配置；在农产品产销环节，以新型电商平台为主导的农产品产销新模式压缩了流通中间环节，实现了农产品产销链条的扁平化，可以降低流通成本，使农民实现收入增长（吴婷婷、胡红琴，2018）。农村电子商务发展显著促进了农民增收，电商增收效应存在区域差异。效应水平在中西部地区大于东部地区、在高市场化水平地区大于低市场化水平地区（李宏兵、王爽、赵春明，2021）。信息化发展对农民收入有显著的正向影响作用，信息化水平每增加1%，农民收入水平平均上涨0.4395%（冯献、李瑾、曹冰雪，2019）。电子商务发展对农民收入增长具有显著的空间溢出作用，且政府支持力度越大其作用越强，欠发达地区可以利用电子商务带来的"后发优势"有效提高农民收入水平。但是，农村网商集聚与当地农民收入增长的关系呈现倒"U"型，其空间溢出效应尚不明显（李琪、唐跃桓、任小静，2019）。农产品电商的发展，不仅可以极大地丰富城镇居民的生活、增加农村居民的收入，对激发农产品产、供、销一体化利益链条上各利益主体的创业热情也具有显著的促进作用（鲁钊阳、廖杉杉，2016）。信息化增收效应存在人群差异，信息基础投入与信息技术采纳对高农业收入农户有增收效应，对低农业收入农户没有增收效应（曹冰雪、李瑾，2019）。

随着电商的普及和应用，大数据也与农业、农村、农民（简称"三农"）紧密结合起来。数字经济给经济发展带来新的增长点，对农民增收具有重要影响。基于山东曹县、江苏沭阳和浙江临安三地电商农户的问卷调查数据显示，农村电子商务发展较好的地区，已有近三成的电商农户在其网店经营过程中使用了大数据产品。以培训为主要形式的知识转移和以内群体交往为核心的知识溢出，对驱动电商农户使用大数据发挥了重要的积极作用。大数据使用对提升电商农户的收入水平和缩小电商农户内部收入差距有显著作用（曾亿武、张增辉、方湖柳、郭红东，2019）。孙文婷、刘志彪（2022）利用2013～2018年106个城市的面板数据，测度了长江经济带数字经济发展水平，认为长江经济带数字经济不仅可以直接显著促进农民增收，还可以通过提高城镇化水平间接促进农民增收。数字经济还显著促进了农村高质量发展，激发大众创业是数字经济释放高质量发展红利的重要机制（赵涛、张智、梁上坤，2020）。

互联网普及和掌握互联网技能有利于缩小城乡差距。基于中国综合社会调查（Chinese General Social Survey，CGSS）资料和对省级面板数据的研究，发现互联网普及通过城乡居民生存型消费、享受型消费差距和发展型消费差距等多维路径，显著降低了城乡居民消费差距。从时间趋势上来看，互联网普及对城乡居民消费差距的改善效应有所下降，存在边际递减现象（程名望、张家平，2019）。互联网技能会显著提高平均消费倾向与文娱消费倾向，降低恩格尔系数，有助于释放农村居民的消费潜力、优化农村居民的消费结构，推动农村消费升级。从地域分布上来看，互联网技能会增加中部、西部及东北地区农村消费需求，优化东部地区的消费结构（祝仲坤，2020）。刘湖、张家平（2016）基于2003～2013年的省级面板数据展开研究，关注了中国互联网发展对各地区农村消费水平的影响，认为互联网发展对中国农村消费具有显著的正向影响，其影响强度由大到小依次为：移动电话普及率、互联网普及率、互联网发展投资环境。同时，移动电话普及具有驱动农村消费结构由传统型向发展、享受型消费结构转变的潜力。互联网应用在农村消费升级的过程中扮演了重要角色。孙治一等（2022）采用山东、河南、四川、吉林、辽宁5个省份农村居民的互联网素养和消费行为数据进行实证分析，认为互联网素养可以提升农村居民家庭发展享受性消费占比，促进消费结构升级；互联网素养对于农村居民家庭消费结构的升级存在丰富选择偏好、放松信贷约束和强化收入预期三种作用机制；互联网素养对农村地区居民家庭消费方式和消费理念的升级也有显著正向影响。

八、农产品价格

从现有文献研究来看，农产品价格与农村居民收入，两者的关系并不明确。刘耀森（2012）分析了 1978～2010 年的样本区间数据，认为农产品生产价格上涨对我国农民收入水平的提高没有显著作用，农业生产资料价格上涨对农民收入增长具有较微弱的负向影响。赵洪丹、陈丽爽（2021）利用吉林省四平市 1990～2019 年数据开展研究，关注了农民收入与价格因素之间的关系，认为农产品价格与农民收入之间的关系具有明显的异质性特征。1990～2019 年间，四平市农民实际收入约增长 7 倍，农产品价格对农民收入具有显著的正向影响，其弹性在 1.3～1.8 之间，但农产品价格仅能够解释 6.73% 的农民收入增长。2012～2019 年间，农民就业渠道拓宽，农民收入的来源呈现多样化，农民收入实现持续稳定增长。刘晓丽、潘方卉（2019）通过实证模拟全国、东部、中部和西部地区的农产品价格、农村劳动力转移及农民收入三者间的动态平衡关系进行定量分析，认为农产品价格、农村劳动力转移与农民收入之间的关系在全国、东部、中部和西部地区表现出区域异质性。农产品价格对农民收入的影响表现出随着东部、中部和西部地区平均农产品价格的提高而降低的趋势，说明农产品价格的收入效应符合边际递减规律。

农产品价格的波动受诸多因素影响。中国主要农产品价格对经济政策不确定性冲击的响应具有显著的实时性、周期性和负向性。其对国内冲击的响应更迅速、更剧烈，而对国际冲击的响应弹性更强。具体而言，粮食价格对经济政策不确定性冲击的响应剧烈，波动持续期较短；油料作物价格对冲击的响应最强，波动持续期最短；畜禽产品价格对冲击的响应最弱，波动持续期最长；棉、糖价格对冲击的响应和波动持续期与其他农产品相比特异性明显（张俊华、花俊国、唐华仓、吴一平，2019）。农产品流通体系与农产品价格波动之间具有显著的相关性，农产品流通体系构成要素通过供求关系、经营成本、心理预期三个控制因素可以综合影响农产品价格波动及幅度，优化农产品流通体系能起到抑制农产品价格过度波动的作用（王朝辉、陈洁光、欧进锋，2021）。需求因素对农产价格波动影响最大，其中生物能源需求的影响逐渐变大，而传统消费需求影响减弱。货币因素对农产品价格波动也有较大影响，其中汇率因素是重要原因；供给因素对农产品价格波动影响较小（周明华，2014）。

短期来看，货币政策对农产品价格的影响主要是经由需求渠道而非供给渠道，在货币冲击下农产品价格的波动幅度较大，并且波动的峰值超过了其新的均衡水平，即存在"超调"现象。长期来看，货币政策对价格的影响是中性的，农产品价格最终趋于与农业生产资料价格相同的均衡水平（谢卫卫、罗光强，2017）。社会融资规模和利率会对农产品价格指数造成正向冲击；社会融资规模变化会引发物价总水平变化，进一步引起肉禽生产价格指数以及禽蛋生产价格指数的变化；社会融资规模和利率的变化对各类农产品生产价格指数影响显著，且社会融资规模对各类农产品价格的影响效应更为突出（田皓森、冯红娟，2021）。随着全球粮食安全等问题不断显著，农产品正逐渐成为投资资本追逐炒作的新目标，农产品金融化进程加速。从本质上来看，中国的农产品金融化形成与长期宽松政策背景下的流动性过剩有关，也与"以农补工"政策造成的农产品价格压低、农业发展的弱质性、农产品期货市场的不规范，以及农产品对外开放进程密切关联。在农产品金融化冲击下，由于现货囤炒、期货投机以及国际运输等因素，农产品价格出现金融化、虚拟化、信息化、国际化，导致产品定价与生产成本脱钩、农产品价格信号功能弱化、农产品调控政策利益导向出现偏差等问题，进一步影响了农民的农业经营性收入。普通农产品价格的波动仍会影响农民的农业经营性收入，而金融化农产品的价格波动已经与农民收入脱钩（张秀利、张明，2016）。

在新冠肺炎疫情的影响下，以物流运输、电子商务系统为核心的商贸流通环节，是影响农产品价格波动的重要因素。物流效率的提高通过降低流通环节的制度性成本、物流成本和交易成本，对农产品价格波动起到抑制效应；电商发展缓解了农产品交易信息不对称现象，对农产品价格波动起到明显的调节作用；当物流效率、电商发展水平互为门槛时，电商发展水平、物流效率对农产品价格波动的抑制效应显著增强，存在典型的非线性特征（董伟萍、许一、徐园、骆世侠，2022）。

九、新冠肺炎疫情

新冠肺炎疫情对经济社会秩序的冲击，不可避免地影响农业农村发展和农民持续增收。疫情在全球加速扩散，对全球经济贸易增长冲击严重，通过全球供应链影响我国农业产业经营和农民就业，农民持续增收挑战巨大（程国强、朱满德，2020）。疫情防控造成物流中断，家禽、家畜养殖企业遭遇生存危机，导致短期内肉价下跌的同时，肉类供需紧张局面加剧。果蔬滞销、粮食销售延迟也抑制了部分农产品消费。疫情对产业发展产生了强烈冲击，使相当部分种植户2020年收益下滑，导致农民工就业困难，农村居民人均可支配收入下降（叶兴庆、程郁、周群力、殷浩栋，2020）。

新冠肺炎疫情从多个渠道，以多重方式对农民增收带来严重冲击。农村居民收入受疫情影响程度较大的原因在于，农村公共卫生服务体系薄弱、面向农民工的公共服务体系不完善、小微企业和个体工商户抗风险能力不足，以及农业经营主体和农业服务主体质量不高（芦千文、崔红志、刘佳，2020）。由于广大农村存在上级高效动员与基层组织治理能力不足的矛盾、农产品与劳动力市场供需不平衡的矛盾、信息多方供给与理性判断能力有限的矛盾等，在新冠肺炎疫情防控等类似应急管理过程中，农村容易出现组织治理失度、经济秩序失常、大众心理失衡、个体行为失范等次生社会风险。造成次生社会风险背后深层次的原因复杂，临时性的应急治理也只能是治标不治本（张茂一、王洪树，2020）。姜长云、王一杰、芦千文（2020）基于对山东三县农村调研，提出新冠肺炎疫情对农业农村经济的影响呈明显行业和类型差异，对村庄消费和生活性服务业冲击严重，对村庄制造业和外出务工的影响日趋凸显；规模化蔬菜水果种植卖难严重，买难问题也日趋凸显；家禽养殖业遭遇重创，肉鸡行业首当其冲，生猪等家畜养殖业总体影响较小；耕种农资供应有压力，但后续影响和对种养大户的影响更应引起重视。疫情背景下，农产品销售和农业投资呈下降趋势，生产成本提高、经营风险增加；农民外出务工受阻、就业稳定性下降，多元收入增速下滑且局部减收风险较大，疫情期间临时性消费明显减少，日常生活消费被抑制；农村产业发展受到冲击，部分基础设施项目进度延后，公共服务新短板也逐渐暴露（魏后凯、芦千文，2020）。张瑞龙、杨肖丽（2021）以受封闭管控政策影响的北京市华垦岳各庄农贸批发市场为实验组，以不受封闭管控政策影响的北京市大洋路农贸批发市场为对照组，发现封闭管控政策正向影响农产品批发成交量，封闭管控政策短期正向影响农产品批发价格。随着时间推移，批发价格逐步向正常水平回落；不同农产品受封闭管控政策影响程度及方向不同，叶菜、水果、肉类产品受到正向影响，果菜受到负向影响。

十、基层社会治理

优化乡村社会治理体系，推进治理能力现代化是社会治理创新的重点领域和关键环节，也是落实乡村振兴战略、实现乡村全面振兴的重要支撑和保障。农村社会组织是农村共建、共治、共享社会治理格局的重要载体，也是社会治理活动的重要组织单位。农村社会组织在农村社会治理中扮演着农村社会资本的链接者、农村社会政策的沟通者、社会治理活动的承载者、社会治理评估的参与者等多重角色。同时，也面临着资源之困、本土化之困、成长性之困、角色信任之困的问题（章晓乐、任嘉威，2021）。要健全农村组织体系，为社会治理创新提供坚强政治保障；推动社会治理重心下移，为社会治理创新提供坚强支撑保障；增强社会治理主体合力，为社会治理创新提供坚强体系保障（闫书华，2022）。在后小康时代，巩固拓展脱贫攻坚成果、接续推进乡村振兴是后小康时代中国农业农村发展的核心议题。中国农业农村迫切需要再出发，需要从过去国家的视角更多地走向村庄和基层的视角。通过精巧的机制设计，将宏观层次的中国农业农村的市场化、现代化发展战略，与微观层次的不同乡村脱贫与振兴连接起来，朝着精细治理、精准施策的方向迈进，实现治理主体互促共赢、共同富裕，走出一条具有中国特色的农业农村现代化之路（郁建兴、任杰，2022）。

村级治理能力能够显著正向影响农民人均收入水平，其中发展经济能力的贡献度最为突出。从资源利用效率与产业发展角度探讨其作用途径发现，相较于改善传统农业生产效率，村级治理通过发展村内特色产业会显著提升农民收入水平；村级治理能力高的村庄还会通过调节村内劳动力利用效率及特色资源开发效率来增加农民收入（李敏、姚顺波，2020）。赵仁杰、何爱平（2016）探讨村长和村支书等村干部的高等教育背景与企业管理经验对农民收入的提升作用。认为高素质的村干部更有利于带动村庄引进外部投资，更能为村庄提供良好的支农服务，增加农民收入；高素质的村干部与上级政府部门的交流更加密切，强政治关联对提高农民收入也有着显著影响；基层民主制下选拔出来的学历高、懂管理的高素质村干部对农民收入的提升作用更加明显。大学生村官对村级集体经济增长具有显著的促进作用，尤其是在村落资源禀赋较为优越、人口较少和村支书教育程度较高的村庄中，大学生村官的经济溢出作用能够得到更大限度的发挥。农村特色产业发展、销售渠道扩展和公共资金的获取是大学生村官影响村级集体经济发展的重要机制（张洪振、任天驰、杨汭华，2020）。大学生村官促进了农户的非农就业和创业参与，改善了农户的金融知识水平，拓宽了农户的信息获取渠道，不仅提高了农户收入，还会增加非农业收入在总收入中的比重（宋全云、吴雨、何青，2019）。"富人治村""能人治村"也是带动农民收入增长的重要途径。由以"经商能人"为代表的人担任村干部，能够通过对上争取更多的项目资源，降低村级财务中行政管理支出的比重，扩大公共投资支出，促进农民收入增长（贾晋、李雪峰，2019）。"村治能人"通过农业内部融合、产业链延伸以及多功能性拓展推动农村产业融合，全面改善了农民的收入结构，且增收效应明显；实现自身治村理念、谋求政策支持以及带动村民增收是"村治能人"推动农村产业融合的主要动机（唐超、胡宜挺，2017）。

第三节　农村消费支出影响因素

消费是经济增长的主要动力之一，但由于文化传统、市场发展、社会保障等多种因素的影响，我国居民储蓄率总体一直偏高，消费长期低迷。如果消费需求得不到提振，我国经济增长将缺乏持久动力（丁丽琼，2014）。"十四五"时期我国农村消费增长潜力巨大，促进农村消费是拉动内需、支持乡村振兴的重要途径，发展农村消费战略意义重大。同时，农村消费也面临农村中低收入群体增收压力较大、主力消费群体规模缩小、消费供给能力建设滞后、消费政策体系不健全等一系列问题，需要采取有效的对策措施，持续不断地提振农村消费，扩大国内需求，促进经济社会的可持续发展（谢玲红、魏国学，2022）。农村消费需求主要由其消费能力、消费条件、消费意愿、消费选择、消费便利五大方面决定（曹立、薛世斌，2021）。除此之外，政府财政投入、社会保障、人口结构、数字经济与网络、普惠金融、财政支持、宏观经济环境等多维度因素也是影响农村消费支出的重要因素。

一、居民收入

消费的源泉来自收入，居民收入是影响居民消费支出的重要因素。对未来收入的预期是影响我国居民消费行为的最主要因素，收入和其他因素的暂时性冲击对我国居民的消费行为不会产生持久的影响（李生校、战明华，2004）。近年来房地产市场的持续升温对家庭消费起到一定的刺激作用，其作用机制主要依赖于产权制度的不断完善（李莹、詹世鸿，2011）。宋勃（2007）分析了房地产市场财富效应的传导以及对宏观经济的影响，房屋价格上涨是居民消费增加的主要原因之一。长期以来，我国土地交易价格指数对消费的财富效应为正，房屋销售价格波动与消费变动负相关，而房屋销售价格与产权制度变迁的联合作用与居民消费正相关。短期住房资产与居民消费需求虽然呈现正相关关系，但是住房资产的财富效应非常微弱，长期住房资产与消费需求呈现负相关关系；无论短期还是长期，股市财富与居民消费需求都呈现负相关关系（谢琦，2014）。2003年以后，房价上升对城镇居民的消费具有微弱的财富效应，从影响渠道来看，主要是通过预防性储蓄渠道，以及流动性约束渠道实现，而直接财富效应并不明显。以上效应主要体现在对大额耐用消费品支出以及支配自由度较大、往往具有享受特征的消费支出的促进上。房价上升带来的财富增加只是在一定程度上降低了居民对不确定性的谨慎程度，缓解了居民在面对大额刚性支出时所受到的流动性约束，从而降低了消费对当期收入的敏感性（李剑，2015）。

二、社会保障

社会保障制度主要通过财富效应影响农村消费行为。社会保障制度的建立使居民减少当期储蓄并增加消费（Feldstein and Pellechio，1979）。社会保障制度会降低人们对未来不确定性的预期，进而增加当期消费（Hubbard，Skinner et al.，1995）。朱铭来、奎潮（2012）使用我国 31 个省、自治区、直辖市的面板数据展开研究，系统探讨了医疗保障体系对居民消费的影响，发现基本医疗保险和商业健康保险对居民消费均具有明显促进作用。其中，城镇居民基本医疗保险对消费的刺激作用大于新型农村合作医疗（以下简称"新农合"），商业健康保险的促进作用大于城镇职工基本医疗保险。社会保障支出对农村消费支出的弹性为 0.1702，证实了社会保障对农村消费行为有引致效应，且在长期上影响相对较大，在短期上影响相对较弱（姜百臣、马少华、孙明华，2010）。高健、丁静（2021）基于 2012 年 8 月起新农合大病保险地级市试点特征，选择处于试点前后的 2012 年和 2014 年中国劳动力动态调查（CLDS）数据开展研究，认为新农合大病保险使家庭消费显著增加 4.25%。异质性分析发现，新农合大病保险仅对中低收入家庭和老龄化家庭消费具有显著促进作用，且效果集中于东部地区。在消费分项的影响方面，新农合大病保险显著提高了非医疗消费占比，并且对生存型消费和发展型消费均具有显著促进作用。在影响机制方面，新农合大病保险显著提高了过去一周就诊和过去一年住院的医疗费用报销比例（高健、丁静，2021）。新农合使得非医疗支出类的家庭消费增加了约 5.6 个百分点，该正向作用随医疗保险保障水平的提高而增强，甚至在没有医疗支出的家庭中仍然存在。同时，新农合对消费的正向影响在收入较低或健康状况较差的家庭中更强。以上结果都与医疗保险减少了预防性储蓄的假设一致。另外还有研究发现，新农合的效果随农户在该项目中的经历而变化。实际上，只有在那些有村民获得保险补偿的村子中，保险对消费的正向影响才显著，而且在这些村子中，新农合对新加入农户消费的影响明显小于对参加一年以上农户消费的影响（白重恩、李宏彬、吴斌珍，2012）。

农村养老保障促进消费的效应更加值得关注。王震、李士雪（2021）基于 2015~2018 年中国健康与养老追踪调查（CHARLS）两期面板数据的实证研究表明，农村社会养老保险具有显著的经济效应，使得农村居民家庭总消费显著增加了约 12.5%；农村社会养老保险使得农村居民的非基础性消费比例显著增加了 1.47 个百分点，有利于优化农村居民家庭消费结构；农村社会养老保险对受教育水平较低、收入水平较低、东部地区农村居民的经济效应更加显著，相关结论为精准制定差异化养老保险政策提供有益借鉴；农村社会养老保险具有明显的时期效应，其长期效应更加显著，为提升农村消费福利水平发挥了长效机制作用。分年龄段来看，对于未满 60 岁的个体而言，新农合对其消费、储蓄行为影响不显著；而对于已满 60 岁可以领取养老金的个体，新农合政策对其消费具有显著的促进作用（王旭光，2017）。

三、人口结构

家庭人口结构变化对城乡居民家庭消费结构、储蓄率和财富积累均有影响。新生代农村居民流动性大、接受新观念快、模仿性强、收入来源多元，其消费呈现"花全家的钱，圆自己的梦"的特点，以新生代为主导的农村消费潜力巨大（王强、刘玉奇，2020）。子女数量和家庭生命周期产生交互作用，共同影响家庭消费支出。随着子女数量增加，农村家庭的食品消费支出逐渐增加，而文娱消费支出逐渐减少。整体而言，有女孩的家庭在日用品与衣物上的消费支出显著高于没有女孩的家庭。在中青年阶段的家庭中，有男孩家庭的教育消费支出要高于没有男孩的家庭；而在中老年阶段的家庭中，有女孩或女孩较多的家庭在教育消费支出方面要高于没有女孩或女孩较少的家庭。中青年家庭在交通、衣物与水电消费上的支出显著高于中老年家庭。在中老年阶段的独生女儿家庭中，贫困户的高等教育消费支出显著低于非贫困户家庭；至多有两个孩子且有男孩的家庭对未来购房的意愿强烈（罗永明、陈秋红，2020）。吴石英、马芒（2018）从凯恩斯的绝对收入假说和霍尔的随机游走假说模型出发，发现消费结构受过去消费习惯的影响较为显著，且与人口因素存在长期的均衡关系。具体来说，老年抚养比和人口性别比的提高会减缓居民消费结构的优化、升级；而人口受教育程度和人口城镇化的提升则会在一定程度上优化居民消费结构。家庭收入、家庭规模大小、户主年龄和家庭不同年龄人口占比等家庭人口结构变量对消费结构和储蓄率都有一定的影响。就消费结构来说，教育支出方面，老年家庭明显低于年轻家庭；医疗保障支出方面，老年家庭明显高于年轻家庭。同时，研究表明我国城镇和农村家庭的户主年龄与储蓄率略呈"U"型结构，也就是说，我国家庭微观储蓄率与经典的生命周期假设并不完全一致（倪红福、李善同、何建武，2014）。

农村少年抚养比和老年抚养比，也是在考察农村消费支出时备受学界关注的研究指标。张永丽、南永清（2014）利用 2001～2012 年中国农村省级面板数据开展研究，少儿抚养比下降对农村消费产生显著负向影响，而老年抚养比的升高对农村消费的正向影响并不显著，当前农村人口结构转变将有助于提升农村消费；农业经济的增长将有利于提升农村消费水平，其对居民消费水平上升的贡献会随着少儿抚养比的下降而被强化，但随着老年抚养比的上升逐步被弱化（张永丽、南永清，2014）。蔡兴、刘淑兰（2017）对 2000～2014 年的省级面板数据进行回归研究，认为农村少年抚养比对食品类和其他类消费支出有显著的正向影响，而对衣着类、家庭设备类、医疗保健类、交通通信类和居住类的消费支出有显著的负向影响；农村老年抚养比对医疗保健类和交通通信类消费支出有显著的正向影响，而对食品类、衣着类、家庭设备类、文教娱乐类和居住类的消费支出有显著的负向影响。以浙江省为样本的研究认为，少儿抚养比对农村消费呈显著的负向作用，少儿抚养比每增加 1 个单位，消费将平均减少 0.044%；老年抚养比对农村消费呈显著的正向作用，老年抚养比每增加 1 个单位，消费将平均增加 0.76%。当前浙江省少儿抚养比呈递减态势，而老年抚养比则呈递增态势，两者协同促进了农村居民的消费（吴海江、张忠根、何凌霄，2014）。来自江苏省的数据研究也得出了类似的结论，农村老龄化程度提高有利于农村消费结构改善且影响显著，在不考虑极端值的情况下，该效应影响稳定；少儿抚养比的提高不利于农村居民家庭消费结构改善且影响显著，其作用大小与老龄化程度大体相当，两者的影响效应基本互抵（成谢军、王莉娟，2022）。李响、王凯、吕美晔（2010）就全国 1993～2007 年我国人口年龄结构变化对农村消费的影响展开实证研究，认为农村少儿抚养比的下降与老年抚养比的上升都不利于农村消费率的提升。齐红倩、刘岩（2020）利用 5 期中国家庭追踪调查（CFPS）数据展开研究，实证分析了人口年龄结构变动对家庭消费升级的影响，也得出了与上述研究相似的结论，即家庭老年抚养比的上升对家庭消费结构的改善具有显著的促进作用，而少儿抚养比的增加对家庭消费结构的改善具有显著的抑制作用；从人口年龄结构变动对城乡家庭消费升级的作用效果来看，农村地区体现得更为明显，并且老龄化和全面"二孩"政策实施带来的人口年龄结构调整，也将扩大城乡家庭的消费差距；从分地区的研究看，中部地区家庭消费升级受到老年抚养比提高带来的促进作用最为突出，而西部地区家庭消费升级受少儿抚养比提高带来的抑制作用最为明显。

四、数字经济与网络

农村消费升级关系到国内国际双循环新发展格局战略的实施，也是扩大内需的必要途径，互联网的应用在农村消费升级的过程中扮演着重要角色。互联网的应用显著提升了农村居民的总体消费水平。从消费结构看，互联网显著促进了农村居民的生存类消费，而对于享受类消费的影响不大；分年龄层看，互联网促进了农村地区青年人的生活用品、服务消费、教育文化和娱乐消费，说明青年人是未来农村地区消费结构升级的关键群体；分性别看，农村地区男性更多地占据了消费决策的主导地位，互联网显著促进男性群体生存类消费水平提升，对女性消费没有明显促进作用。政府要加强农村地区互联网基础设施建设，加大对农村文化基础设施建设的投入，引导和转变农村消费观念，缩小城乡消费差距，优化农村消费结构（贺达、顾江，2018）。互联网的使用对欠发达地区农村家庭各类消费均存在正向促进作用。其中，互联网的使用对发展享乐型消费的促进作用优于基础生存型消费，对中低收入家庭基础生存型消费的提升作用较为明显，对中高收入家庭发展享乐型消费影响更为显著；使用互联网能显著提升 60 岁以下农村居民的消费水平，中老年用户更倾向于通过互联网满足其基础生存需求，中青年用户对于通信、娱乐等新型消费呈现出更强的消费意愿（周应恒、杨宗之，2021）。

互联网与消费金融的结合，也影响着国内居民消费心理和消费方式。与居民基本生存性消费支出相比，互联网消费金融的发展对居民发展享受性消费支出增长的贡献率更高；互联网消费金融有利于扩大居民的享受性消费支出，优化国内消费结构，推动经济增长（赵保国、盖念，2020）。互联网的使用对农村居民幸福感也有积极作用。无论是生产性使用还是生活性使用，互联网使用的频率越高，农村居民的幸福感越强，而且对农业管账人或收入较低的农村居民的作用更明显；以工作、学习为主体的互联网的生产性使用会通过改变经济状况来影响农村居民的幸福感；以娱乐、社交、商业为主体的互联网的生活性使用会直接影响农村居民的幸福感，且力度远大于生产性使用（张京京、刘同山，2020）。

五、财政公共服务支出

2012 ~ 2021 年，中国基本公共服务体系建设取得了显著成就，对巩固脱贫攻坚成果、推动高质量发展、形成合理收入分配格局、推动共同富裕目标的实现奠定了良好基础。在推动共同富裕进程中，强调健全基本公共服务体系有着重要意义。未来一个时期，作为顶层驱动力的共同富裕战略，作为内生驱动力的缩小城乡、区域、群体间差距要求，作为行政驱动力的推进民生领域治理现代化，将会齐力推动基本公共服务均等化（李实、杨一心，2022）。基本公共服务供给会显著促进居民消费增长，基本公共服务供给促成了一个平等的机会，不仅可以缓解由"环境"导致的机会不平等，也可以改善由"环境"造成的"努力"不平等的"偏环境问题"，进而促进居民消费增长。提升基本公共服务供给将有效地促使发展成果的共享机会均等。异质性分析表明，在农村、低收入、女性、低养老负担、低人力资本与父亲受教育水平低的家庭中，基本公共服务供给对居民消费的影响更加显著（韦鞲、蔡运坤和陈晓璇，2022）。基本公共服务均等化水平的提高能显著促进最终消费率的上升；基本公共服务均等化对最终消费率的促进作用在西部民族自治地区最为明显；医疗卫生服务、公共安全服务、教育服务以及城乡社区服务对最终消费率促进作用的边际效果最高；总体上来看，基本公共服务的均等化对最终消费的边际促进效果呈倒"N"型变化（许坤、卢倩倩、许光建，2020）。

目前，学术界对财政支农支出是促进还是抑制农村消费升级存在很大的争议，可能的原因大致有两种，一是财政支农对农村消费水平、消费结构、消费品质的影响是不一致的；二是没有清晰限定条件。考虑城乡收入差距后，财政支农支出对农村消费品质升级的影响不存在门槛效应，而对农村消费水平、消费结构升级却存在门槛效应。具体来说，财政支农支出与农村消费水平呈分段式非线性关系，与农村消费结构升级呈"U"型非线性关系。各地区都应重视城乡收入差异问题，因地制宜制定并实施相关财政支农政策，改善农村消费环境，激发农村居民的消费潜力，引导农村居民改变消费观念，促进消费升级（蒋团标、张亚萍，2021）。

六、宏观经济政策

2014 年启动的精准扶贫政策对农村贫困家庭消费的影响最为直接。精准扶贫政策真正发挥了"对症下药，靶向治疗"作用，关于农村家庭特征异质性的分析表明，该政策对老年人口、不健康人群、未成年子女数量多、教育水平低的深度贫困家庭作用更明显。地区异质性分析发现，该政策在贫困县与"三区三州"[①] 等深度贫困地区的效果更加突出。精准扶贫政策促使贫困户人均消费提高 4.37%。其中，生存型消费提高 5.76%，发展型消费提高 13.12%。从消费结构来看，该政策显著增加

①"三区"指西藏、新疆南疆四地州和四省藏区；"三州"指甘肃的临夏州、四川的凉山州和云南的怒江州。

了食品、衣着、居住、交通通信及教育文娱等方面的支出。同时，居住类、交通通信等方面的支出占比显著提高，医疗保健支出占比显著降低。对于老年贫困家庭，精准扶贫政策通过直接转移支付等方式提高消费水平、优化消费结构；对于因病致贫家庭，该政策通过低保、医保等形成的直接转移支付，降低医疗支出、提高居民生活水平；对于因学致贫家庭，该政策通过教育帮扶方式，缓解教育负担、改善居民生活质量；对于教育程度低的家庭，政策通过"扶志与扶智"相结合的方式，激励贫困家庭通过多种形式增收（尹志超、郭沛瑶，2021）。

突发的新冠肺炎疫情对我国居民消费造成了巨大冲击，也使居民消费升级进程呈现放缓的态势。在经济下行压力逐渐增加的背景下，现行税收政策对居民消费需求的激励作用有限，缺乏适应新消费方式发展的税收优惠等措施。短期内，可以考虑出台精准的阶段性税收政策，通过递延纳税等方式增加居民消费，促进经济全面复苏；中长期则应提升居民消费能力，释放消费潜力，营造良好消费环境，弥补税收政策在满足居民服务消费、"互联网＋""智能＋"新消费方式，以及促进居民消费结构优化升级等方面的短板和不足（李香菊、付昭煜，2020）。

七、人口流动与就业

农村劳动力流动对多项消费支出均具有显著的促进作用，释放农民工群体的消费潜力，有助于推动农村消费升级。进一步盘活提升消费水平、挖掘消费潜力的重要需求侧因素。农村劳动力流动能够有效提高农村居民的消费水平，劳动力流动总规模扩大不仅可以提高本地区农村居民的消费水平，还可以促进邻近地区农村消费的增长；农村劳动力本地流动、外出至省内流动或跨省流动，对本地区和邻近地区农村消费均具有显著的促进作用；不同流动方式对农村消费的促进效应差异化明显，外出至省内流动的直接效应大于跨省流动，本地流动的直接效应最小（黄大湖、丁士军、陈玉萍，2022）。农村劳动力流动引发收入效应和成本效应，对家庭发展享受型消费产生正向影响而对生存型消费产生负向作用，总体上能够显著改善家庭消费结构；异质性检验结果显示，农村流动劳动力从事行业层次提高、跨区流动距离缩短，会使收入效应强化而成本效应弱化，逐渐优化家庭消费结构（朱雅玲、张彬、马艺菲，2022）。

正规的非农就业能够显著提升农民工的家庭消费支出，提高消费率。从影响机制来看，正规就业在增加当期收入和持久性收入、破解流动性约束、降低预防性储蓄、增强融合意愿等因素上都能够发挥明显的作用，能够促进农民工消费水平的提升（周闯、马旭鑫、管添，2022）。本地非农就业家庭的年生活消费总额比农业就业家庭显著高出 15.5% ~28.2%。收入提升和边际消费倾向增加是本地非农就业促进农村居民家庭消费的内在机制。本地非农就业的受雇形式对农村居民家庭消费的促进作用大于本地自雇就业，且本地非农就业对多数消费支出项目均具有显著的促进作用（温兴祥，2019）。非农就业能促使农村居民家庭消费总支出平均提高 13.09%，其通过改善家庭收入增长性、弱化收入不确定性、强化城镇居民消费对农村消费的示范性等方式，促进了农村居民家庭消费增长。同时，也会增加教育和医疗支出的不确定性，对家庭消费造成挤出效应（文洪星、韩青，2018）。

第四节　农村消费环境

一、居民消费环境构成

农村市场拥有潜在的巨大购买力，优化农村消费环境，对于畅通国内经济大循环至关重要。农民消费环境由基础设施、市场、信息、政策、社会保障等因素构成（韩留富、王丽琦，2010）。居民消费环境包括政治环境、经济环境、文化环境和自然环境四方面因素。消费环境泛指影响居民消费的外部因素，既包括硬件环境方面的水、电、交通、通信等基础设施与市场体系，也包括软件环境方面的医疗和就业等社保体系，以及其他相关制度建设（马志敏，2016）。

二、消费环境的测量

由于测算消费环境指数的范畴和样本区间不同，关于消费环境指数的评价尚未得出一致性结论。耿晔强（2012）以1983～2009年消费环境和农村消费的相关统计数据为样本展开研究，关注了消费环境与农村消费水平的动态特征关系，提出文化水平、医疗卫生条件、基础设施投资、自然条件与农村消费水平之间呈现稳定的协整关系。其中，文化水平、基础设施投资对农村消费水平的冲击有明显效果，并且持续时期长，对农村消费水平的提高有显著作用。李佼瑞等（2018）在阐释消费环境内涵的基础上，首次构建了包括质量放心、安全放心、价格放心、服务放心、维权放心在内的消费环境评价指标体系。并基于指标体系测算消费环境指数，引入"黄金分割法"对合成的指数进行了等级划分。最后，用陕西省12个地市"放心消费"调研数据为例进行测算，认为利用该方法合成的消费环境指数基本上能客观反映陕西省各地市消费环境状况。通过消费环境指数的编制，可以为消费环境治理提供可靠的政策制定依据（李佼瑞、高杰、王佐仁，2018）。龙少波、张睿（2021）通过整合消费经济环境指数、制度政策环境指数、基础设施环境指数、供给环境指数以及文化环境指数，实证构建并验证了消费环境指数。认为总体消费环境改善与居民当期剩余消费潜力之间存在着长期负向均衡关系，且消费环境的改善对剩余消费潜力的影响表现为明显的滞后效应；各子消费环境对居民消费潜力的影响作用不同，消费经济环境改善对提高居民消费能力的作用更明显，消费基础设施环境的改善对刺激居民消费潜力释放的作用最大，消费制度政策环境和消费供给环境改善的刺激作用次之，而消费文化环境对居民消费潜力的影响作用仍需提升。叶胥等（2021）从"安全、便利、放心、舒心、满意"五个维度构建中国消费环境评价指标体系，并基于四川省五大经济区的消费者满意度调查数据及宏观经济数据，测度验证消费环境指数。从区域间差异看，消费环境指数存在一定程度的两极分化，领先区明显且大幅度高于其他地区；从区域内差异看，成都平原经济区区域内差异最为明显，占整个区域内差异的 88.42%，成都的高首位度也在消费环境中有所体现。同时，消费环境发展一般的区域，也可能在单一指标上突出。同时，区域差异会导致消费效应差异，消费环境指数对消费的影响也存在两极分化，只有在消费环境指数领先区，消费环境指数才能对消费产生显著影响。消费环境的区域内差距也会放大消费效应，仅有单项子系统领先的地区，其消费环境并不显著影响消费（叶胥、杨荷、毛中根，2021）。张效莉、余颖博（2022）从经济环境、社会环境、商贸环境和生态环境 4 个子系统建立指标体系，测度了 2006～2019 年沿海 11 省市居民消费环境指数，认为沿海地区居民消费环境指数呈增长态势。沿海地区居民消费环境指数的整体差异呈波动下降态势，在空间分布上呈自中间向南北递减特点，且此分布特征在时间序列上逐渐加强，最终消费环境指数的热点区域全部集中在长三角经济区。消费环境对消费增长具有显著正向推动作用，而各子系统对消费支出的贡献在区域层面上存在一定差异。

三、农村消费环境与消费潜力的关系

消费环境是农村居民在消费过程中对消费产生影响的外在客观因素的集合，消费环境改善影响农村消费增长的相关研究受到学界、业界众多专家的关注。欧阳鹏等（2021）认为，消费环境改善对农村消费增长的影响是正向的、积极的，但受制于农村居民人均收入增长率不足，目前整体消费增长率处于不断下降态势中（欧阳鹏、姜霞、解妍，2021）。消费环境的改善能显著拉动消费增长，分项目来看，公路、铁路密度和医疗卫生床位数等基础设施建设水平与消费增长显著正相关；消费信贷代表的金融政策环境与消费增长显著正相关；社会保险基金支出代表的社会保障环境与现期消费增长显著正相关（马莉莉、费园梅、谢钦，2017）。以家电下乡政策实施为例，家电下乡政策对农村家庭耐用品消费有着显著的促进作用，在政策实施的第二年和第四年，耐用品消费支出分别显著增加 42.3% 和 56.2%，高收入家庭在耐用消费品方面对政策的反应更大（张川川、王玥琴、杨汝岱，2021）。

第五节　讨　　论

从既有研究成果和我国经济发展现实来看，"农村消费潜力巨大"已成为共识。消费是收入的函数，收入涵盖了绝对收入、相对收入和永久收入等概念，收入是影响消费的第一关键变量。从统计数据来看，城乡人均收入比由 2013 年的 2.81∶1 下降到 2019 年的 2.64∶1。近年来，农村居民收入增长幅度大于城镇居民收入增长幅度，但农村居民收入绝对量仍然远远低于城镇居民。文献关注了政府财政投入、农村金融服务、城镇化水平与人口流动、农业基础设施、信息化和数字化、土地流转制度、宏观经济环境、农产品价格、新冠肺炎疫情、基层社会治理等维度对农村居民收入提升的影响，倡导多方施策、多主体帮扶提高农村居民收入。关于农村消费支出，除了收入这一重要影响因素外，文献的关注重点转向社会保障、人口结构、数字经济和网络、财政公共服务支出、宏观经济政策、人口流动和就业等领域，着力挖掘影响消费支出的关键因素。关于农村消费环境的研究，相对来说研究成果不多，主要讨论了消费环境的构成、消费环境测量的指标以及消费环境与消费潜力之间的关系，认为农村基础设施、人文环境、社会制度环境的改善，有利于激发消费潜力。

畅通国内大循环，形成强大国内市场，是加快构建新发展格局的重中之重，其战略基点是释放内需潜力，而释放内需潜力的后劲在激发农村消费需求。从统计数据来看，有一个值得关注的现象，2013~2019 年中国农村居民的人均可支配收入由 9 430 元增加到 16 021 元，但是农村居民的平均消费倾向没有随收入增加而降低，反而随收入增加而上升了，由 2013 年的 0.79 上升到 2019 年的 0.83，上升了 0.14。对于农村居民平均消费倾向和收入同方向变化这一不符合宏观经济学常理的现象，一个可能的解释是：农村居民的收入和消费水平还没有达到平均消费倾向由上升到下降的拐点，农村居民消费需求的满足还有比较大的缺口（方福前，2021）。如何激发农村消费潜力，既有研究成果为我们指明了研究方向。新时代消费内涵的拓展、农村居民收入的提升、农村消费潜力的激发路径等议题，仍需大量深入的研究。

国内外研究的结论对于研究湖北省农村消费潜力问题具有重要的启示意义，但必须根据湖北省的实际情况进行一定的理论修正，开展创新性研究。现有文献大都从现有统计数据出发，没有鲜活的一手资料，研究结论的可操作性不高。本书在借鉴已有理论、实证研究成果的基础上，以二手数据为基础，采用案例研究与问卷调查相结合的混合研究方法，尝试系统、全面地分析湖北省农村消费潜力问题，有针对性地提出对策建议，加快农村消费升级，实现扩大内需的目标，助推湖北乡村振兴战略实施和高质量发展。

第三章

湖北农村消费的现状和特点

党的十九大明确提出要不断提升居民的幸福感、获得感和安全感。消费是提升居民幸福感的基础之一。是增加乡村吸引力的关键环节，也是实现乡村振兴的必由之路。湖北是农业大省，自古以来就是鱼米之乡，有"湖广熟，天下足"之美誉。从 20 世纪初至今，随着城镇化、农业经营适度规模化与现代化等进程的不断推进，湖北农村人口开始逐年不断地向城镇转移，乡村常住人口已由 2000 年的 3 360.89 万人、2010 年的 2 879.26 万人不断下降至 2015 年的 2 504.97 万人，随后又逐年下降至 2020 的 2 143.22 万人①，年均减少 73.61 万人，年均人口下降率为 2.91%。乡村人口的不断减少对湖北农村社会经济的发展产生了剧烈的冲击。与此同时，伴随着湖北农村居民收入水平的不断上升（见图 3 –1），以及乡村数字化进程的不断推进，农村消费环境、农村居民的消费观念和消费习惯等也随之发生了巨大的变迁。

为了深入了解湖北农村居民近年来的消费状况以及影响因素，通过搜集宏观层面的政府官方数据，并于 2021 年 10 月中下旬前往湖北孝感、鄂州、宜昌、襄阳等地的各县市开展了实地抽样调研和深度访谈，获取微观层面的相关数据，以期结合宏观和微观等不同层面数据分析，提出激发湖北农村消费潜力的建议，为政府决策提供参考。

---

① 湖北省统计局，国家统计局湖北调查总队编. 湖北统计年鉴（2021）［M］. 北京：中国统计出版社，2021.

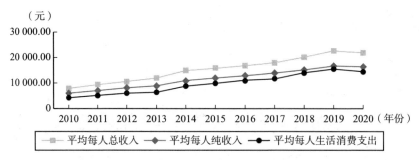

图 3 - 1　湖北农村居民收支水平折线图

资料来源：根据《湖北统计年鉴》（2021）相关数据绘制。

第一节　农村消费支出水平逐年上升

2020 年是湖北省历史上极不平凡、极不容易、极其难忘的一年。为保护人民生命安全，坚决落实党中央决策部署，省委省政府毅然封省封城，做出巨大牺牲，牢牢守住了全国疫情防控第一道防线。同时，全力应对新冠肺炎疫情、严重洪涝灾害和严峻外部环境的多重冲击，主要经济指标逐月逐季向好。2020 年，湖北省地区生产总值恢复到上年的 95%以上，进出口逆势增长 8.8%；取得了决胜全面小康的历史性成就，5.8 万剩余贫困人口全部脱贫（张小草，2021）。

湖北农村居民的人均生活性消费支出由 2010 年的 4 090.78 元，逐年上升到 2019 年的 15 328.02 元，年均消费支出增幅达到 1 248.58 元，年均消费支出的增速为 15.81%，呈现出明显的伴随着收入水平的逐年上升而上升的耦合变动趋势（见图 3 - 2）。具体到消费支出的 8 个方面，2010年以来，湖北农村居民无论在食品消费、衣着消费、居住消费、家庭设备用品及服务消费、交通通信消费、教育文化娱乐消费、医疗保健消费，还是其他商品和服务上的消费支出水平，也都是伴随着收入水平的上升而逐年增加，都呈现出伴随着收入的增加而同时耦合增加的趋势。受疫情影响，2020 年湖北农村居民的总支出以及各项消费性支出都较上年有一定程度下滑。

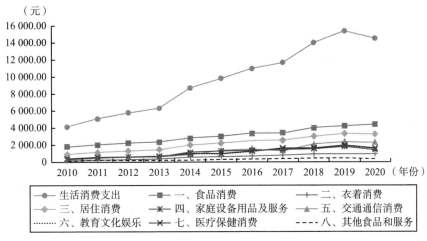

（元）

图例：
- 生活消费支出
- 一、食品消费
- 二、衣着消费
- 三、居住消费
- 四、家庭设备用品及服务
- 五、交通通信消费
- 六、教育文化娱乐
- 七、医疗保健消费
- 八、其他食品和服务

图3-2 湖北农村居民各项消费支出

资料来源：根据《湖北统计年鉴》（2021）相关数据绘制。

自2010年起的十余年以来，湖北农村居民的生活成本随着收入的增加而逐年上升。从分项情况来看，生活成本的上升体现在生活中的各个方面，也对应了在调研访谈过程中农村居民常说的："到处都要多花钱，东西都贵了！"造成目前状况的原因，简单来看有两个方面，一是农村居民收入提升后，消费意愿更为强烈；二是整体物价受通胀压力、成本压力的影响，一直在走高。

第二节 农村消费支出结构不断优化升级

伴随消费支出水平的不断提高，湖北农村居民的消费支出结构也发生了较大的变化（见表3-1）。除2020年受疫情影响外，2010～2019年期间，湖北农村居民的生活消费支出占全年总支出的比重有所下降，整体约下降了7个百分点。一是湖北农村居民的食品消费支出占生活消费支出的比重呈现出逐年下降的趋势，由2010年的43.10%，下降到2019年的27.16%。相应地，湖北农村居民生活消费质量的恩格尔系数也由2010年的28.76%逐年下降到2019年的15.72%，也从一个侧面说明湖北农村

表 3 - 1　　2010~2020 湖北农村消费支出结构表

单位：%

项目	2010年	2011年	2012年	2013年	2014年	2015年	2016年	2017年	2018年	2019年	2020年
全年总支出	100	100	100	100	100	100	100	100	100	100	100
生活消费支出	66.72	62.86	64.17	66.26	51.75	53.69	56.46	58.93	58.24	57.88	59.72
一、食品消费	43.10	39.01	37.61	36.76	31.38	30.12	30.13	28.65	28.17	27.16	29.74
二、衣着消费	5.32	5.43	5.53	5.54	5.71	5.60	5.20	5.38	5.61	5.39	5.39
三、居住消费	19.96	21.69	21.06	22.55	22.40	21.93	22.01	21.60	21.18	21.39	22.09
四、家庭设备用品及服务	6.41	7.18	6.95	6.77	6.62	6.12	6.12	6.07	6.11	5.48	5.46
五、交通通讯消费	8.10	8.27	8.66	9.65	9.40	12.43	12.63	11.90	13.86	14.54	15.03
六、教育文化娱乐	7.04	6.82	6.89	6.49	11.64	11.41	10.57	11.44	11.12	11.79	9.55
七、医疗保健消费	7.22	8.75	10.34	9.94	10.45	10.05	11.09	12.36	11.39	12.54	10.77
八、其他商品和服务	2.85	2.86	2.96	2.31	2.40	2.34	2.25	2.59	2.55	1.71	1.96
非生活消费支出	33.28	37.14	35.83	33.74	48.25	46.31	43.54	41.07	41.76	42.12	40.28

资料来源：根据《湖北统计年鉴》（2021）相关数据绘制。

居民生活正从"小康"奔向"富裕"。二是尽管偶有波动，湖北农村居民在居住、教育文化娱乐、交通通信、医疗保健消费等方面的支出占生活性消费支出的比重都呈现出了明显递增的长期趋势。而衣着消费支出占生活性消费支出的比重变化不大，一直维持在百分之五左右。说明湖北农村消费支出的侧重点已发生转变，正从注重温饱的"实物消费"逐步转向注重"精神"消费，追求生活品质的提升。三是湖北农村居民家庭设备用品及服务支出、其他商品和服务方面支出占生活性消费支出的比重大致都呈现出小幅下降的长期趋势。以上数据都说明了近年来湖北农村居民的消费结构在不断优化和升级，且升级速度正在加快，农村居民的消费质量和生活品质也正在加快提升。

与此同时，湖北农村居民非生活性消费方面的支出占总支出的比重则呈现出先上升、后逐年下降的趋势。整体来看，湖北农村居民用于婚丧嫁娶等各种形式人情往来方面的非生活性消费支出的比重，与2010年相比有较大幅度的上升，增长了约七个百分点。说明湖北省农村居民各种非生活性的消费支出，正随着湖北农村居民生活水平的提升而"水涨船高"。农村"移风易俗"工作是一项长期复杂的系统工程，任重道远。

第三节　农村消费环境不断改善

近年来，随着农村交通通信设施以及物流体系的不断完善，湖北农村电子商务发展迅速。农村居民无论是通过手机网购，还是线上出售各类农产品或者提供乡村旅游服务早已不是新鲜话题，直播带货等新型电商模式也开始在湖北农村地区迅速发展。受2014年以来湖北省人民政府"快递下乡"政策、"消费扶贫"政策、数字乡村建设等多项利好乡村人居环境改善政策的推动，湖北农村地区居民的消费环境不断改善。截至2020年，湖北全省已累计建设30 817个"村邮乐购"站点，乡镇邮政服务网络覆盖率已达 100%，基本已经实现了"村村通快递"。① 对于湖北省农村居民，无论是可供消费选择的商品服务资源种类、购物时能够选择的时空范围，还是购物支付方式等都得到了极大程度的丰富和扩展。从原来的仅仅只能在白天和晚上一定时间段去逛线下乡村周边集市或去县城通过支付现金购买各种商品，扩展到一天 24 小时中的任何时刻都可以在互联网上，利用手机移动支付购买各种生活消费品或生产物资，可以与城市居民一样，同步买到许多在附近周边集市和县城买不到的新兴产品，有效改善了生活质量。

与此同时，政府一直不断强化市场监管，大力开展农村消费市场专项整治行动，严厉打击制假售假，消除安全隐患，让农村居民敢于消费、放心消费。各种致力于解决假冒伪劣等顽疾，保障农村消费权益的相关法律、法规制度环境也日益改善，大大压缩了"假货"或者质量不达标商品的市场空间。即便偶尔一次不小心买到了"假种子、假化肥、假农药等"等所谓的"水货"，也有相关执法部门努力协助讨公道，大大降低了农村消费风险。

第四节　农村消费习惯、消费观念转变加快

"十三五"以来，伴随着湖北农村居民生活水平的提高以及消费环境的变迁，农村居民的消费习惯和消费观念也随之发生了巨大改变，农村消费习惯开始逐渐向数字化方向发展。在数字化转型过程中，农村农业生产和乡村生活相关服务业都逐渐实现了渠道供给创新。无论是种子、化肥、农药等农业生产要素的采购，还是日常培育种/苗、灌溉、病虫害治理、除草、收割、储藏、销售等各种田间地头管理操作技能的培训与雇工，亦或是居民日常家庭生活物资采购、休闲娱乐、交通出行等，许多农村居民都开始尝试，并习惯于通过线上渠道"网上买""网上请人"

---

① 资料来源：湖北今年全省"村村通快递"［EB/OL］. 同花顺财经，https：//baijiahao. baidu. com/s？ id＝1656160335801537530&wfr＝spider&for＝pc.

来满足自身消费需求。2010 年以来湖北农村居民的交通通信消费支出变
化，从一个侧面反映了消费习惯的改变（见图 3 - 3）。除受疫情影响的
2020 年农村居民的交通通信支出略有下降外，十余年来湖北农村居民的
年交通通信消费支出基本呈现出逐年递增的趋势。自 2017 年以来，增幅
开始加大，同比增速均超过 10%，由 2015 年的 1 218.42 元，逐年递增至
2019 年的 2 228.83 元。在此期间，我国移动互联网应用发展迅速，电子
商务实现普及，这种同步变化说明湖北农村居民的日常生活模式在"互
联网 +""数字化"的影响下快速转变，数字化相关的消费、日常生活的
数字化程度正逐年上升。

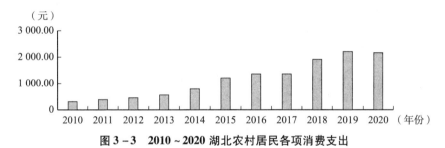

图 3 - 3　2010 ~ 2020 湖北农村居民各项消费支出

资料来源：根据《湖北统计年鉴》（2021）相关数据绘制。

受网络信息及自身收入增长等因素的影响，湖北农村居民的消费观
念也逐渐向"城里人""网络中的精致体面生活"靠拢。生活消费呈现出
明显的从"注重量的满足"向"追求质的提升"，以及"看重家庭未来
的可持续发展"方向转变的趋势特征。"十三五"以来，湖北农村居民除
了在吃穿住用行等各类商品和服务的选购上都更注重健康和品质外，还
更为关注家庭的可持续发展。调研中发现，几乎所有的湖北农村家庭都
认为"农村的义务教育质量太差了，和城市没法比！""在农村没有好老
师教，娃难得读出来，还缺少见识！"，这和以前"能读就读，读不出来
就回来种地或出去打工！"的教育消费理念截然不同。让孩子接受更好教
育，看重家庭未来的可持续发展的消费观念，也使得农村居民在"进城
陪读"方面的消费支出逐年上升。笔者在湖北汉川县新河镇民乐乡创业
村调研时，该村村支书就表示，该村的村小学教学设施非常齐备，更新

也快，10 年前每个年级一个班，教室坐得满满的。但是近几年来生源逐年减少，现在每个年级都只有不到 10 个孩子了，90% 以上的村民都选择把孩子送到武汉市近郊的吴家山或者汉川县城读书。这也就意味着需要在陪读地买房或租房，虽然"多花了些钱，但条件好些，将来娃们可以奔个更好的前程！"这类现象在湖北省内非常普遍，对于教育的重视和投入的增加，说明农村消费观念已经发生了很大的变化。

第四章

影响湖北农村消费的因素分析

为了深入了解湖北省农村居民的消费情况，通过与宜昌市、荆州市、孝感市、鄂州市等地的市委政研室的妥善协调对接，本书选择湖北省"四市七县（区）"展开了为期 4 个星期的"湖北省农村消费现状"实地调研，并向上述市县区总计 65 个村组发放纸质调查问卷总计 700 份，回收有效问卷 511 份，问卷回收总有效率为 73%。有效问卷数量可以满足后续进一步数据统计分析的需要。

为了进一步提升本书数据和分析结论的可靠性与客观性，增加调研回收样本数据的信度及效度，本书还利用《湖北统计年鉴》（2021）、北京大学中国家庭追踪调查数据（CFPS2018）等二手数据进行"三角验证"。下面将分别以《湖北统计年鉴》（2021）数据、北京大学 CFPS 抽样统计数据以及本课题实地问卷调研数据，就农村消费展开统计分析。

第一节　基于《湖北统计年鉴》（2021）数据的分析

为了更为清晰地凸显城乡消费的对比情况，我们进一步拉长了研究跨度。从 1982~2018 年 36 年间的数据来看（见图 4-1），湖北省城镇与乡村消费对比呈现出由最初的基本持平到逐步拉开差距，再到城乡消费水平差距逐步缩小的动态发展过程。截至 2018 年，湖北省农村居民人均消费水平为 16 296 元，城镇居民的人均消费水平为 31 018 元。随着湖北省城镇化率的提升，近十年来，城乡消费的差距在逐步缩小，农村消费水平提升速度也逐渐加快，可以预见未来城乡居民消费水平或将再次持平。

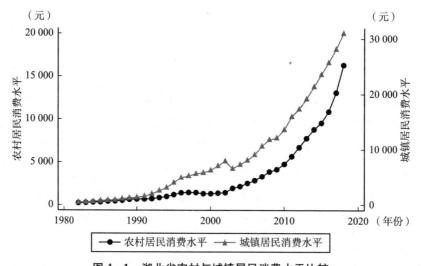

图 4-1　湖北省农村与城镇居民消费水平比较

资料来源：湖北省统计局，国家统计局湖北调查总队编．湖北统计年鉴（2021）[M]．北京：中国统计出版社，2021.

　　2011~2019 年，湖北省农村家庭居民人均总支出从 2011 年的 7 971.52 元增加到 2019 年的 26 484.284 元。其中，2014 年是一个转折年，总支出相比 2013 年几乎增加了一倍（见图 4-2）。与此同时，湖北省农村家庭居民人均食品消费、居住消费以及交通通信消费等"生存型"消费在农村家庭八大消费类型中占据主体地位（见图 4-3），与图 4-2 相似，2014 年是一个转折点，各大消费在 2014 年发生较大幅度的增加。湖北农村消费以生活改善为主的消费，诸如教育文化娱乐、医疗保健等消费等从 2014 年开始均有较大幅度的提升（见图 4-4）。

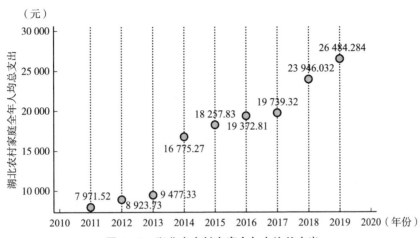

图 4 - 2　湖北省农村家庭全年人均总支出

资料来源：湖北省统计局，国家统计局湖北调查总队编．湖北统计年鉴（2021）[M]．北京：中国统计出版社，2021.

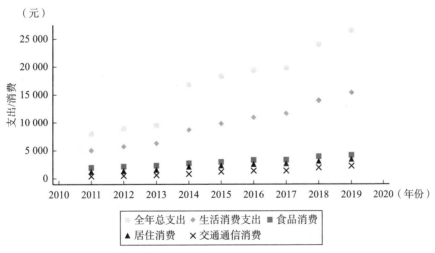

图 4 - 3　湖北省农村家庭全年生存型消费

资料来源：湖北省统计局，国家统计局湖北调查总队编．湖北统计年鉴（2021）[M]．北京：中国统计出版社，2021.

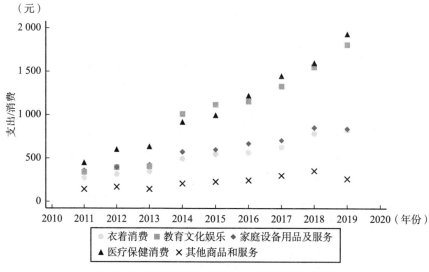

图4-4　湖北省农村家庭全年"改善型"消费

资料来源：湖北省统计局，国家统计局湖北调查总队编．湖北统计年鉴（2021）[M]．北京：中国统计出版社，2021．

　　《湖北统计年鉴》（2021）数据显示，湖北省城乡居民消费间的差距在逐步缩小，且农村消费的增长速度在2010年以后有了大幅的增长，超过城镇居民消费增长速度的趋势明显；湖北省农村家庭总体消费处于逐步增长的态势，特别是2014年后得到了较大幅度的增加；湖北省农村生存型消费在总体消费中依旧占据较大份额，教育、娱乐等享受型消费在总体消费中的比重也在逐年增加。

第二节　基于中国家庭追踪调查（2018年）统计数据的分析

　　中国家庭追踪调查（China Family Panel Studies，CFPS）是由北京大学中国社会科学调查中心组织实施，国家自然科学基金委员会资助的重大研究项目。其目的是通过跟踪收集个体、家庭、社区三个层面数据，反映中国社会、经济、人口、教育和健康的变迁，为公共政策分析等提供数据基础。

目前，CFPS 官网供下载的最新数据为 2018 年匹配了家庭经济问卷、家庭成员问卷及个人问卷的公开数据。为了提升本书研究数据的相互印证性，我们通过其官方公布的 Stata 版本数据筛选出湖北省相关数据，且访谈对象所在地为乡村的样本数据共 145 份（见表 4 - 1）展开进一步统计分析。

表 4 - 1　　　　湖北省农村消费主要观察变量的描述性统计分析

观察变量	N	Mean	Std. D	Min	Max
在家吃饭的人数（人）	145	3.19	1.52	1	8
每月伙食费（元）	145	1 516.61	1 413.58	−1	7 000
每月外出就餐费（元）	145	80.66	267.29	0	2 500
每月邮电通信费（元）	145	243.12	341.39	0	2 400
每月水费（元）	145	22.73	47.02	−1	300
每月电费（元）	145	142.88	177.96	−2	1 000
每月燃料费（元）	145	99.97	414.27	0	5 000
每月本地交通费（元）	145	306.48	564.18	−1	3 500
每月日用品费（元）	145	98.41	156.6	10	1 000
每月房租支出（元）	145	32.82	162.11	0	900
过去 12 个月衣着消费（元）	145	3 073.79	3 234.09	−1	15 000
文化娱乐支出（元）	145	45.17	138.61	0	1 000
旅游支出（元）	145	1 041.38	2 510.22	0	16 000
取暖费（元）	145	0	0	0	0
物业费（元）	145	13.1	157.79	0	1 900
住房维修费（元/年）	145	3 773.1	18 643.43	0	200 000
汽车拥有情况	145	3.4	1.97	1	5
汽车购置费（元）	145	10 137.9	32 452.22	−8	225 000
交通通信工具费（元）	145	1 470.03	3 220.78	0	20 000
过去 12 个月家具耐用品支出（元）	145	909.9	1 725.22	−1	7 000
过去 12 个月教育培训支出（元）	145	4 735.72	7 449.23	0	40 000
过去 12 个月医疗支出（元）	145	5 301.72	10 221.42	0	60 000
过去 12 个月保健支出（元）	145	164.83	469.86	0	3 000

续表

观察变量	N	Mean	Std. D	Min	Max
过去 12 个月美容支出（元）	145	505.24	586.2	0	3 000
过去 12 个月商业性保险支出（元）	145	1 478.39	4 040.44	-2	40 000
过去 12 个月给亲戚经济帮助（元）	145	515.86	1 915.42	0	20 000
过去 12 个月给其他人经济帮助（元）	145	475.86	1 455.75	0	10 000
过去 12 个月社会捐助支出（元）	145	56.9	183.2	0	1 000
过去 12 个月其他支出（元）	145	256.54	840.37	-1	5 000
自家农副产品消费总值（元）	145	2 931.12	8 456.54	-8	100 000

注：-8 表示被调研者回答不适用；-2 表示拒绝回答；-1 表示不知道；0 表示最小值为 0。
资料来源：基于 2018 年北京大学 CFPS 的统计数据。

抽样样本的数据统计显示，湖北省农村居民交通工具（汽车等交通工具平均支出 10 137.9 元）、住房维修（3 773.1 元）、医疗支出（5 301.72 元/年）以及教育支出在所有详细消费支出中占较大比重。许多新型消费支出，如旅游消费支出、网上购物花费、商业性保险支出以及美容消费在湖北省农村消费支出中开始崭露头角，比重逐年增加（见表 4 -2）。

表 4 -2　湖北省农村居民新型消费与行为观察变量的描述性统计分析

变量含义	N	Mean	Std. D	Min	Max
使用互联网学习的频率（次）	145	-1.2758	6.8022	-8	7
每月手机费（元）	145	67.4069	58.9357	-8	399
上网时娱乐的重要程度	145	-2.8068	5.7582	-8	5
互联网商业活动的频率（次）	145	-1.2344	6.8017	-8	7
上网时商业活动的重要程度	145	-4.7793	5.17803	-8	5
网上购物花费（元）	145	781.489	2 374.66	-8	20 000
使用互联网社交的频率（次）	145	-2.8137	5.2638	-8	7
上网时学习的重要程度	145	-5.0551	5.1784	-8	5
使用互联网学习的频率（次）	145	-1.2758	6.8022	-8	7

注：-8 表示被调研者回答不适用；0 表示最小值为 0。
资料来源：基于 2018 年北京大学 CFPS 的统计数据。

　　从影响农村消费根本性因素、农村居民收入来源分析来看，湖北省农村居民的收入来源主要分为四大类（见表4－3）。

表4－3　　湖北省农村居民收入来源主要观察变量的描述性统计分析

变量含义	N	Mean	Std. D	Min	Max
您家农副产品总值（元）	145	5 092.834	14 570.89	－8	100 000
工资收入总额（元）	145	15 457.82	34 858.48	－8	300 000
打工收入（元）	145	28 376.86	32 593.06	－8	150 000
打工寄回家金额（元）	145	14 921.7	16 984.61	－8	60 000
该经营的净利润（元）	145	4 509.793	26 650.51	－8	300 000
政府补助总额（元）	145	1 222.676	1 666.031	－8	7 000
收到的捐赠总额（元）	145	－7.6	4.816638	－8	50
领取离退休或养老金总额（元）	145	7 204.11	13 605.07	－8	50 000
子女给的钱（元）	145	4 059.379	15 112.74	0	120 000
亲戚给的钱（元）	145	53.7931	215.0648	0	1 000
其他人给的钱（元）	145	20.68966	175.5533	0	1 500

　　注：－8表示被调研者回答不适用；0表示最小值为0。
　　资料来源：基于2018年北京大学CFPS的统计数据。

　　第一类：农业收入。农村居民开展种植农作物、林产品，养殖家禽、家畜、水产品等生产活动，通过多种途径自行销售获得的收入。由表4－3可知，湖北省145份样本中，该部分的收入均值在5 000元/年左右，在总体收入中所占的比重不大。

　　第二类：外出务工及工资性收入。外出务工收入主要是指通过外出城市打工、在农村帮助雇主从事农活挣得的收入；工资性收入主要是指农村居民领取的税后工资收入（含工资、奖金、补贴、实物福利等）。由表4－3可知，本部分收入为务工收入的主体，为以上两部分的总额，每年该部分收入均值接近30 000元/年。

　　第三类：个体经营或开办私营企业所获得的收入。该部分收入主要指农村居民通过个体经营，开办家庭农场、民宿等私营企业所获得的税后净利润。由表4-3可知，本部分收入分布不均匀，最高有30万元，而平均收入为4 500元左右。该部分收入在湖北农村居民收入中占据的份额较少。

第四类：农户家庭转移支付收入。该部分收入主要是指农村居民收到的政府转移支付补助、社会捐助、子女赡养给付等。由表4-3可知，来自社会保障的转移支付（均值在7 000元/年左右）、子女给养的转移支付（均值在4 000元/年左右）在湖北农村居民收入中占据较大份额。

为了进一步厘清湖北省农村居民收入对其消费支出的影响，特别是对娱乐、旅游以及教育等方面支出的影响，我们整合不同来源的收入，包括农副产品收入、工资性收入、经营性收入以及转移支付等因素，针对消费支出进行了多元回归分析（见表4-4）。分析结果显示，湖北省农村居民的农业收入、经营性收入会对其娱乐消费支出、旅游支出产生正向影响；农业收入、经营性收入、退休养老金等转移支付会对旅游支出产生正向影响；工资性收入对于农村居民的教育培训消费的作用方向为负。湖北省农村居民收入与支出的作用关系并非简单线性关系，需要进一步探究其他潜在影响因素，诸如农产业生产性支出、消费习惯等因素的调节影响作用。

表4-4　　不同来源收入对享受型消费的影响多元回归分析（N=145）

解释变量	娱乐消费	旅游支出	教育培训
	M1	M2	M3
"您家农副产品总值（元）"标准化值	0.177 ** (2.22)	0.103 * (1.89)	0.125 (1.45)
"工资收入"标准化值	-0.332 *** (-3.04)	-0.013 (-0.18)	-0.214 * (-1.80)
"经营的净利润"标准化值	0.595 *** (5.61)	0.548 *** (7.54)	0.123 (1.07)
"政府补助总额"标准化值	0.047 (0.58)	0.580 *** (10.48)	0.054 (0.62)
"社捐总额"标准化值	0.007 (0.1)	0.021 (0.4)	-0.062 (-0.76)

续表

解释变量	娱乐消费	旅游支出	教育培训
	M1	M2	M3
"离退休或养老金总额"标准化值	−0.039 (−0.49)	0.220 *** (4.07)	−0.103 (−1.20)
"子女给的钱"标准化值	0 0	−0.058 (−1.09)	−0.127 (−1.51)
"亲戚给的钱"标准化值	0.11 (1.41)	0.05 (0.93)	−0.135 (−1.59)
"其他人给的钱"标准化值	−0.033 (−0.43)	0.005 (−0.1)	−0.09 (−1.09)
R^2	0.228	0.637	0.09
$Adj−R^2$	0.176	0.613	0.029
VIF（多重共线性检测）	1.28	1.28	1.28
N	145	145	145

注：双尾检测；* $p<0.1$，** $p<0.05$，*** $p<0.01$；括号内为 t 估计值。

通过综合分析 CFPS 有关湖北省农村居民收入与消费支出的描述统计数据，以及收支作用关系，发现湖北省农村居民开支扣除自产农副产品消费后，在衣食住行上的开支占据较大份额，在教育培训、医疗保健、个人保险、旅游娱乐以及美容上也有较大占比。湖北省农村居民已逐步接受了网上购物等新型购物方式，湖北省农村居民不同收入来源对不同类型的消费支出产生了不同的影响，社会保障水平高、收入来源多元化会正向影响农村居民的"享受型"消费水平。以上效应的具体作用机制和影响水平还需要引入更多潜在影响因素，以更全面地深化理解影响过程。

第三节　基于湖北省"四市七县（区）"一手调研数据的分析

《湖北统计年鉴》数据偏向于对全省宏观发展趋势的分析，很难从微观上对农村居民的生活进行更为深入的分析。CFPS 2018 年统计数据因新冠肺炎疫情影响，有一定的滞后性。从以上数据本身来看，无法透彻地反映农村消费问题。旨在为推动湖北省农村消费给出具有操作性的意见建议，我们又通过实地调研的形式，利用问卷调查、访谈等形式收集一手数据，围绕主题进行了深入分析。

一、"四市七县（区）"调研地点分布分析

本书采用随机抽样方法，根据不同经济发展状况和地理资源特征，选择了具有代表性城市：宜昌市宜都市农村地区抽取 76 份样本（占比15%），荆州市松滋市抽取 64 份样本（占比 13%），荆州市沙市区抽取43 份（占比 8%），鄂州市梁子湖区抽取 29 份（占比 6%），孝感市孝南区抽取样本 98 份（占比 19%），孝感市孝昌县抽取样本 105 份（占比21%），孝感市汉川市抽取样本 96 份（占比 19%）。具体样本分布情况如图 4-5 所示。

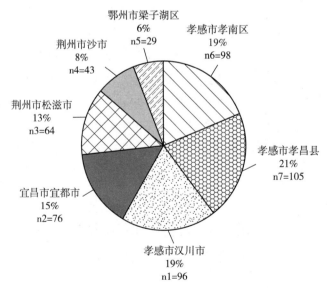

图 4-5　本次调研问卷"四市七县（区）"样本分布概况

二、被调研对象人口特征分析

此次调研中，被调研对象主要锁定家庭中的核心成员，即为家庭带来绝大部分收入的成员。为了分析湖北省农村家庭居民主要收入创造者的人口特征，本书对被调研者的学历层次、年龄分布情况进行了描述统计分析，详细统计结果如表4-5所示。511位被调研者的年龄主要集中分布在41~60周岁间（统计频次303，占比超过59%），其学历层次主要分布在初中和高中（含中专）（统计频次392，占比76.7%）。

表4-5　　　　　被调研者学历层次、年龄段分布（N=511）　　　　单位：人

年龄段	小学及以下	初中	高中/中专	大专	大学本科及以上	小计
31以下	2	12	10	8	8	40
31~40岁	3	38	32	22	4	99
41~50岁	7	90	43	12	2	154
51~60岁	16	79	42	7	5	149
60岁以上	22	34	12	1	0	69
小计	50	253	139	50	19	511

三、"四市七县（区）"农村居民主要收入来源及可支配收入比较分析

通过对收集到的湖北省"四市七县（区）"2019年和2020年农村居民主要收入来源及可支配收入情况进行比较分析（见图4-6），结果显示湖北省"四市七县（区）"农村居民的主要收入来源首先为"养殖+务工"或"养殖+打工"，其次为"经商"，再次则为多种收入来源——"种植+养殖+务工"。较为新型的收入来源则为"网店经营"，其2019年和2020年的平均可支配收入分别达到7.5万元和8.5万元。

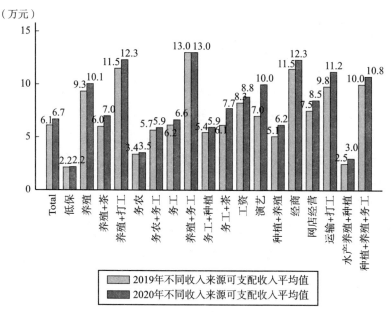

图4-6　"四市七县（区）" 2019、2020年农村居民主要收入来源及
可支配收入比较分析

　　为了检验湖北省"四市七县（区）"被调研的农村居民总体平均可
支配收入在2019年和2020年间是否存在显著差异，对被调研农户
2019年与2020年人均可支配收入进行t检验（t=−4.6719，95%置信
区间［−0.211，−0.086]），从结果可以判断，2020年农户的人均可
支配收入（按照每户总可支配收入÷被调研农户的户籍人口数）相比
2019年有所增加，且具有统计显著性（见表4-6）。

表4-6　　　　　2019年与2020年"四市七县（区）"农村居民
可支配收入差异性t检验结果

	N	Mean	Std. Err.	Std. Dev.	Conf.［Interval］	［95%]
2019年人均可支配收入	511	1.571759	0.055569	1.256166	1.462586	1.680932
2020年人均可支配收入	511	1.720503	0.065214	1.474189	1.592382	1.848625
2020年与2019年收入差异t检验	−0.14874	0.031838	0.719713	−0.21129	−0.08619	

四、"四市七县（区）"农村居民可支配收入不同性别和学历的比较分析

从不同性别和不同学历背景出发，分析湖北省"四市七县（区）"被调研的农村居民2019年、2020年的平均可支配收入情况，如图4-7所示。首先，湖北省"四市七县（区）"学历更高的被调研农村居民，无论其性别，其平均可支配收入更高；具有本科及以上学历者，其平均可支配收入最高。其次，对于男性被调研者，初中学历者其两年平均收入居次席；而对于女性被调研者，学历为高中及同等学历者收入居次席。

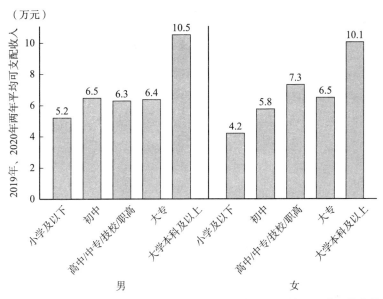

图4-7　"四市七县（区）"农村居民平均可支配收入不同性别及学历的比较分析

湖北省"四市七县（区）"被调研农村居民两年（2019年和2020年）平均可支配收入中，男性被调研者的收入主要来源于"养殖+务工"或"养殖+打工"；相对地，女性被调研者的收入主要来源于"经商"。充分体现了湖北省"四市七县（区）"不同性别的被调研农村居民在收入

来源上的差异（见图4-8）。

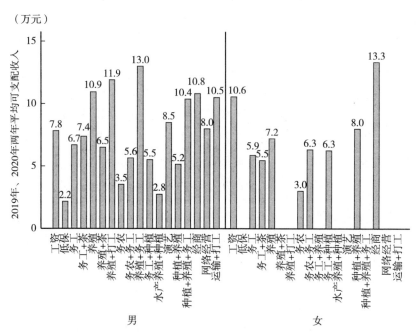

图4-8 "四市七县（区）"农村居民平均可支配收入不同性别及
不同来源的比较分析

五、湖北省"四市七县（区）"农村消费特征分析

对回收的511份样本统计分析发现，湖北省"四市七县（区）"被调研农村居民在"生存型"消费，如"食品、就餐""衣着""家居耐用品"等项目上绝大部分选择3 000元以下的商品（见图4-9、图4-10、图4-11）。本部分实际调研统计数据同《湖北统计年鉴》（2021）数据（2 500元左右）、CFPS 2018年数据（上述三项均值3 000元以下）的统计分析结果基本保持了一致，考虑到样本选择和调查年份的差异，说明此次调研的数据具有较强的可信度和效度，也从多个方面支撑了数据分析结论的稳健性。

在"改善型"消费方面，如附件1第14题（教育培训支出）、第15

题（文化娱乐支出）、第 16 题（旅游支出）、第 17 题（商业性保险支出）、第 18 题（医疗保健支出）等的支出水平普遍不高，绝大部分选择低于 2 000 元。通过对比《湖北统计年鉴》（2021）数据（2 000 元左右）、CFPS 2018 年数据可知，除 CFPS 的数据在教育培训和医疗保健支出上均值高于 4 000 元外，其他数据也与本次实地调研数据结果一致。

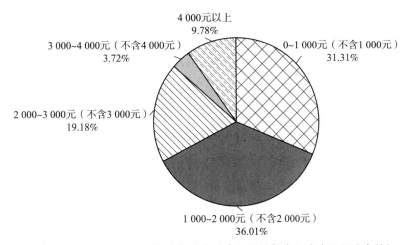

图 4 – 9　"四市七县（区）"农村消费（食品及就餐类）支出区间分布特征

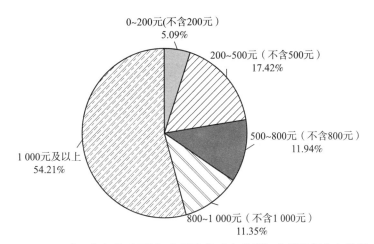

图 4 – 10　"四市七县（区）"农村消费（衣着类）支出区间分布特征

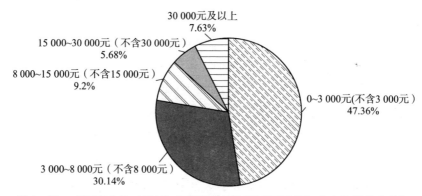

图 4-11 "四市七县（区）"农村消费（家居耐用品类）支出区间分布特征

　　湖北省农村地区居民"每年亲戚、族人及朋友间人情往来花费"（附件 1 第 12 题）的统计数据显示，接近一半（统计频次 222）的被调研者每年在"人情往来"上的支出高于 4 000 元（见图 4-12）。本部分消费支出在《湖北统计年鉴》(2021) 及 CFPS 2018 年的分析中没有集中体现，同时，在实地调研过程中，被调研者在谈论本部分花费时，也都认为在食品、烟酒上的花费实际上有较大部分包含"人情往来"的消费部分，且这部分消费的统计识别最为困难，一般的调查统计无法有效收集真实数据。这说明在湖北省农村地区，居民的"人情往来"消费是一个统计上的"黑箱"。由于该部分消费占比较大，有一定的隐蔽性，后期需要进一步深入了解，并提出有针对性的政策建议。

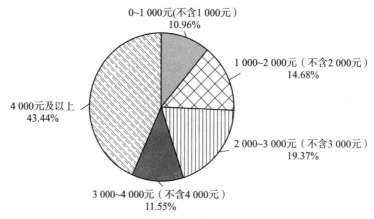

图 4-12 "四市七县（区）"农村"人情往来"消费支出区间分布特征

六、湖北省"四市七县（区）"农村消费的影响因素分析

影响农村消费水平的因素是多元的，既包含客观因素，诸如收入、市场供给、人群特征、社会保障以及消费环境等，也包含主观因素，如消费意愿、消费偏好以及消费习惯等。

（1）造成湖北省农村消费动力不足的核心因素是收入偏低。附件1第22题，被调研的样本中有230位选择"完全同意"将消费动力不足原因归为收入偏低，若包含一般和同意选项，则选择支持该观点的比例超过80%（见图4-13）。调研访谈中，部分农户期望政府通过多种途径为农村居民创造就业机会、提升农产品价格、降低农业生产资料价格等，以此增加农村居民收入。

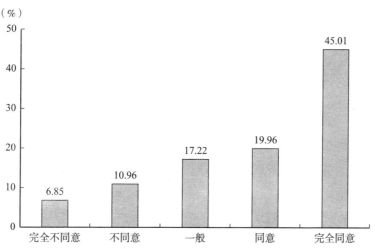

图4-13　"四市七县（区）"农村居民对将消费动力不足归因为"收入不足"的认同度

（2）造成湖北省农村消费动力不足的主要客观因素是社会保障水平不高。附件1第23题选项中，超过一半（频数：258，累积百分比：50.49%）的被调研者选择同意和完全同意其及家人消费支出动力不足的

原因是农村社会保障水平不高（见图 4 – 14）。在调研访谈过程中，许多被访谈者都谈到的一个期望是政府能够提高农村居民的养老保险等老年生活保障水平，免去大家的后顾之忧，从而最终可以提升农村居民的消费意愿和动力。

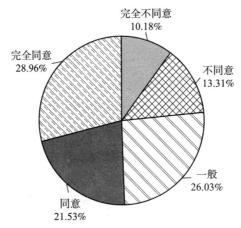

**图 4 – 14　"四市七县（区）"农村居民对将消费动力不足归因为
"社会保障水平不高"的认同度**

（3）造成湖北省农村消费动力不足的另一个主要客观原因是人口群体偏于老龄化。附件 1 第 21 题中，511 份样本中有 231 位（45.21%）被调研者认为造成湖北省农村地区居民消费动力不足的主要原因是农村人口群体老龄化严重。通过实地调研，本书课题组也发现湖北省农村地区青壮年人口外出打工的情况非常普遍，一般留守在家的以老年、妇女及儿童为主体。

（4）造成湖北省农村消费动力不足的主观原因是消费期望提升（相关商品品质未达预期）。附件 1 第 20 题中，511 份样本中"一般"及以上选项的被调研者为 287 位（56.17%）。通过上述统计结果以及实地访谈，课题组发现随着农村地区基本生活水平逐渐对标城市生活水准，趋同化发展趋势明显，湖北省农村地区居民对于生活质量的要求和期望越来越高，质量低劣、以次充好的商品逐渐被挤出农村消费市场。特别是随着在线购物和移动互联网的发展，农村地区的老百姓对于信息的获取和掌握越来越便捷，对于消费产品的品种、质量的要求也逐步提升。

（5）对影响湖北省农村消费动力的消费环境评价：中等偏下。附件1问卷第24题中设置了5条有关农村当地消费环境的满意度评价内容：农村市场及信息披露及时度、农村电商物流基础设施建设、农村消费金融服务质量、农村在线新型消费习惯及消费模式、农村消费者权益保障力度（评分从低到高1~5分，圈选分数越高，表明对该项环境要素的评价越高）。5条评价内容中，总的平均得分为2.97分，评价为中等偏下等级。其中，对农村在线新型消费习惯及消费模式以及农村消费者权益保障力度的评价稍高。以上结果说明在湖北省农村地区，要提升消费者满意程度，需要在消费环境的改善上下一番功夫，为广大农村居民提供安全、便捷的消费环境。

第四节　讨　　论

2021年10月中下旬，本书课题组联系对接鄂州市、宜昌宜都市、荆州市沙市、荆州市松滋市、荆州市公安县、孝感市汉川市、孝感市孝昌县等市（县）委、政研室、市（县）商务局、农业农村局、统计局、国家统计局调查队（以下简称"国调队"）、供销社、邮政公司以及涉农市场主体（电商企业等），总计集中开展了5场座谈会。同时，课题组实地走访调研了汉川市里潭乡、鄂州沼山镇沼山村、宜都市潘家湾吕家坳村、荆州沙市岑河镇木垸村、松滋市南海镇横岭村、荆州市公安县崇湖渔场（国家湿地公园）、孝感市孝南区三汊镇、孝昌县邹岗镇8个具有代表性的村镇。我们收集、整理了上述"四市七县（区）"相关职能部门提供的总结报告文本资料、现场经验访谈资料，并对系列数据进行统计分析，对文本进行编码分类整理、总结归纳，认为湖北省农村消费支出不断增长，消费结构不断优化升级，并催生出了很多新业态。

（1）"十三五"期间，湖北省农村消费结构在不断优化升级，农村消费活力在逐步增强。"四市七县（区）"统计局以及国调队的统计数据显示，扣除 2020 年新冠肺炎疫情等意外因素的冲击，上述各地的农村居民恩格尔系数均在逐年降低。其中，孝感市农村居民恩格尔系数从 2015 年的 40.93% 下降至 2020 年的 39.74%；鄂州市农村居民恩格尔系数从 2015 年的 43.92% 下降到 2020 年的 39.75%（湖北省统计局，2021），湖北省农村消费质量不断提升，结构也在持续优化。

（2）湖北省农村消费与城镇居民消费差距在进一步缩小。从前文提及的湖北省农村与城镇居民消费水平近 40 年的统计数据来看，湖北省农村居民同城镇居民的消费差距在逐步缩小，且在 2014 年以后，农村消费水平增长速度快于城镇居民消费水平增速。其中，以孝感市和荆州松滋市为例，"十三五"期间，孝感市农村消费支出年均增速高于同期城镇居民消费支出增速 1.2 个百分点；荆州松滋市农村居民人均消费支出年均增速（8.3%）高于同期城镇居民消费支出增速近 1 个百分点。

（3）湖北省农村消费结构中教育、文化娱乐和医疗保健等消费支出占比在稳步提升。通过前文描述的《湖北统计年鉴》（2021）数据、CFPS2018 年调查数据以及本课题收集的问卷数据分析可知，控制新冠肺炎疫情等意外因素影响，湖北省农村地区居民享受发展型消费一直稳步增长。政府需要开辟更多就业、创业渠道，鼓励湖北省农村居民开展多元化增收，推动湖北省农村居民享受发展型消费进一步提升。

（4）湖北省农村消费出现"在线购物""社区团购"等新兴业态。随着湖北省光纤进村等新基建的稳步推进，农村电子商务发展迅猛，农村居民的在线购物、社区团购等消费习惯正逐渐养成。2022 年前三季度，湖北省农村地区快递业务投递量 3.89 亿件，同比增长 13.12%；农村地区快递业务量 9 785.87 万件，同比增长 5.99%（湖北省邮政局，2022）。湖北省农村电商的快速发展，还催生了农产品带货、旅游直播等一批新的消费增长点。

（5）湖北省农村消费支出水平同收入增长、社会保障以及消费环境等因素高度相关。通过前文对 CFPS 统计数据的回归分析，以及课题组实地调研问卷数据显示，湖北省农村地区的消费水平同各地农村居民的收入增长水平、社会保障水平以及消费环境高度相关。各地政府需着力激发与培养农村地区消费的存量和增量，要通过推动农村地区消费环境的改善，包括市场产品信息披露、电商物流基础设施建设、农村消费金融服务等提质增效措施，切实推动农村消费增长。

（6）湖北省"四市七县（区）"激发农村消费潜力的特色经验做法总结。鄂州市邮政公司通过推行农户信用制度和消费信贷来激发农村消费意愿，电商企业利用鄂州临空经济开发区的空运优势，让农产品"坐飞机"；宜昌市宜都市通过向居民发放300万元的消费券来提振农村居民的消费信心；荆州市松滋市通过利用其"电子商务公共服务中心"平台，引入第三方电商企业，开展"省级电子商务进农村综合示范项目"来激发农村新的消费增长点；荆州市公安县通过"三个合作社"，即土地股份合作社、劳务合作社、资本合作社等的建设来发展农业规模化经营和促进现代农业发展，提升该地农民收入，改善农民消费水平；孝感市汉川市政府通过鼓励和扶持特色农业企业经营，帮助农民通过科技创新增产增收，最终提升农民消费水平；孝感市孝昌县通过加速鲜桃示范区建设，构建血桃地理标志农产品品牌，有效提升了该县农村居民收入，也促进了农村消费水平提高。以上一些代表性做法在上述"四市七县（区）"均取得了较好的实际效果，值得总结和推广。

在看到湖北省农村消费取得成绩的同时，我们也关注到一些制约农村消费水平提升的共性问题，如电商物流"最后一公里"问题很难有效解决，电信诈骗犯罪在少数地区仍然常见。在此次调研中，课题组发现湖北省农村地区的新消费增长点主要集中在农村电商发展，需要解决的紧迫首要问题是如何降低农村电子商务"最后一公里"收费的问题。切实降低农村线上消费中的电商物流成本，无论是对"上行件"还是"下行件"，物流成本过高可能会制约农村居民的在线消费意愿。调研中农村居民以及地方政府职能部门建议，改善村村通公路、电商物流基础设施是农村电商快速发展的前提。另外，湖北省农村地区移动互联网以及通信条件近年来的大幅改善，为村民带来便利的同时，也带来一些意外的威胁：电信诈骗，一些不法分子通过非法手段获取村民信息，利用村民对互联网、电商知识欠缺的短板进行电信诈骗，部分农村居民损失惨重。未来湖北省各地方政府需要加大力度、针对农村居民定期举办互联网知识、在线直播或购物等电商知识的集中培训，并集中开展好反电信诈骗宣传工作。

通过实地调研访谈，还观察到了"空心村"等一系列更为深入的问题，会从根本上动摇农村消费的基础，甚至社会安全，需要引起各个方面的高度重视。伴随农村人口的空心化，大量农房闲置、村庄废弃，青壮年基本外出务工，农业日渐成为年迈农民名副其实的"夕阳产业"。整体比较落后的农村基础设施和公共服务及常住人口的大量减少，商业网点覆盖不足，农村消费市场也日益空心化。农村消费市场的凋敝，进一步削弱了农村社会经济活力、影响了农民生活质量。同时，空心村还伴随着撂荒等现象的出现，走访的村都有不同程度的撂荒，大致在4%左右，粮食产量总体呈下滑趋势。湖北省一直以来被喻为鱼米之乡，粮食产量的下降不仅会限制农业人口收入、支出的增长，影响农村消费的提升。从近几年我国粮食进口的数据来看，由此可能加剧粮食安全的问题也必须引起足够的重视。

第五章

湖北省农村消费案例研究

为了进一步深化对农村消费情况的理解，更为全面地收集和分析农村消费的相关资料，针对农村消费问题提出更有参考价值的意见和建议，丰富研究结论。在进行问卷调查和二手数据分析的同时，我们又收集了三个乡镇的农村消费案例，涉及孝感市 2 个乡镇、宜昌市 1 个乡镇，其中包括典型的山区乡镇、农业乡镇，以及城市边缘乡镇。三个乡镇经济社会发展情况各异，资源禀赋不同，能够很好地代表湖北省各类乡镇的特色。

第一节　湖北省安陆市孛畈镇消费情况调查研究

2021 年 11 月 12 日，国务院印发了《"十四五"推进农业农村现代化规划》，该规划明确指出，我国全面建成小康社会，实现第一个百年奋斗目标之后，"十四五"时期是"三农"工作重心向全面推进乡村振兴、加快推进中国特色农业农村现代化建设等方向转变的重要历史节点。

近年来，因新冠肺炎疫情影响，国家创新性地提出"双循环"整体战略。国家从战略层面出发，将扩大内需作为激发经济转型发展的重要战略支点，农村消费市场是该战略布局中至关重要的一环，其对经济社会发展的拉动作用和决定性意义不容忽视。尽管受到新冠肺炎疫情影响，但农村消费市场的巨大潜力一直是不容忽视的事实。通过进一步优化农村消费环境、完善农村居民保障水平等手段释放农村消费潜力，构建农业、农村的新发展格局，将有效支撑国家经济"双循环"发展战略的实施。

为了探寻湖北省农村当前的消费现状、存在的具体问题以及寻求农村消费新的增长点，本书课题组于 2021 年 12 月至 2022 年 7 月对湖北省安陆市孛畈镇进行实地调研，以下将主要从该乡镇的基本情况介绍、产业发展、主要集镇人口分布、整体农村收入与消费状况以及主要启示五个方面来进行详细阐述。

一、安陆市孛畈镇基本情况介绍

安陆市孛畈镇位于安陆市西北部，地处东经 113°36′至 41′，北纬 31°15′至 20′，东与随州广水平林隔府河相望，南与烟店相连，西与王义贞接壤，北与随州洛阳镇、府河镇相毗邻。镇政府驻地为孛畈街，归孛畈社区居民委员会管辖，距市城区 22 千米，因孛家湾而得名。孛畈镇地处大洪山余脉，气候温和、四季分明，兼具南北气候特点，雨量充沛，山水资源丰富，森林覆盖率高，有多种名贵中药材和矿产资源；境内四大水库居高临下，东北面清水河、府河环抱，太平寨、狮子头、凉伞石、青龙潭吐珠、龙冲、龙王寺等自然人文景观极富文化底蕴。该镇地理位置优越，汉十高速公路和已建成通车的汉十城际铁路横穿境内，安桃线延伸至随州市洛阳镇，连接安陆、洛阳镇两个互通口，王三线连接太平寨、钱冲古银杏森林公园。全镇村级公路四通八达，总里程达 360 千米。四大集镇（长松集镇、青龙集镇、孛畈集镇、三里集镇）建设规划科学，设施配套，环境优美。

全镇辖 3 个社区居民委员会和 14 个行政村，耕地面积 4.9803 万亩。2012 年 12 月全市村改社区工作中，孛畈街、三里、青龙潭三村改为社区居民委员会。截至 2020 年末，全镇总人口 3.5149 万人，其中：财政供养人数 143 人，包括村干部 87 人、机关公务 32 人、以钱养事 24 人，农业人口 3.2941 万人，国土总面积 117.2 平方千米（安陆市人民政府，2022）。

二、安陆市孛畈镇的主要产业发展情况

地处大洪山余脉的孛畈镇，利用自身的地理区位特点以及交通区位优势，在特色食用菌产业、畜牧产业、林业产品以及茶叶、水果等产业上积极寻求特色发展之路。近年来，围绕相关特色产业聚力而为，已初步形成了较为健全的特色农业产品生产与销售产业链条，在推动镇域经济发展，带动区域内农村劳动力就地就业，为广大农民创收增收上发挥着重要的作用。

（一）孛畈镇特色食用菌产业发展概况

由 2020 年安陆市孛畈镇的农业统计年报数据（见图 5-1）显示，孛畈镇已初步形成了以月岭村（食用菌产业全镇占比 28%）、三里村（占比 27%）、杜庙村（占比 19%）等为首的食用菌产销基地龙头村的格局，并形成了食用菌产业发展特色。一是做大做强食用菌产业。全镇建成 5 个食用菌栽培基地、2 个自动化菌棒生产基地、400 座食用菌出菇棚、40 座养菌棚，年规栽培食用菌规模增至 220 万袋，产业年产值达 2 200 万元，拥有"月落岭"香菇省级示范品牌，初步形成了以月岭、三里等食用菌专业村为依托，带动安三公路沿线村加快发展的菌菇产业带。二是全力推动食用菌特色产品提质增效。孛畈镇月岭村食用菌产业链提升项目加快建设，2024 年将建成 3 000 平方米温控大棚、冻库、生产用房等设施，可新增种植量 30 万棒，完成食用菌产品绿色认证申报，注册成立安陆市菇宝食用菌有限公司。三是打造食用菌产业链。落实"3+6"农业产业链长制工作要求，发动种植大户和一般农户等主体新增食用菌种植量。月岭食用菌栽培示范基地由月落岭食用菌专业合作社与月岭村、陈河村、天子岗村、龙窝村、板金村 5 村联合投资建设。示范基地占地 50 亩，总投资 1 000 万元，现有 1 条年产 60 万棒的食用菌菌棒自动化生产线，2 座总面积 300 平方米的冻库，1 座建筑面积 3 000 平方米的温控出菇大棚，3 座总建筑面积 4 000 平方米的养菌大棚，50 座小型出菇棚。基地集菌棒生产、点菌养菌、温控出菇、烘干冷藏、批量销售等功能于一体，年种植食用菌 50 万棒，年产值 500 万元，年吸纳务工人员 150 人次

以上。四是镇政府争取上级政策部门的全力支持。2021 年，孛畈镇积极争取市直部门支持，完成食用菌产品绿色产品认证工作。并用足用活农业补贴等支持政策，全力帮扶产业做大做强，促进农民增收。

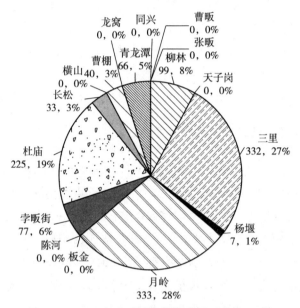

图 5－1　2020 年孛畈镇食用菌产量（单位：吨）

资料来源：根据安陆市孛畈镇 2018～2020 年农业统计年报整理。

（二）孛畈镇畜牧产业生产情况

孛畈镇在大力发展食用菌特色产业外，还尝试从畜牧产业入手，推动相关村社村民、养殖大户等不断提升畜牧养殖技能，推进"一村一特"牛、鸡禽等养殖产业高质量发展，壮大一些有基础村社的养殖规模。由图 5－2 可知，孛畈镇下辖村社中水牛养殖数量（头数）要显著多于黄牛的养殖数量，其中，2020 年的杜庙村（150 头）和天子岗村（148 头）的养殖数量排在 17 个村社的前列；鸡的养殖数量也明显高于鸭的养殖数量。一些村社则选择走特色肉牛养殖之路，杨堰村姚家洼开展黄牛的生态养殖，建设黄牛养殖基地，对接政府的村级产业路基础设施建设，升级改造牛舍、草料棚，养殖黄肉牛 30 余头，带动了村组集体内的贫困户就业脱贫，也带来较好的示范效应。

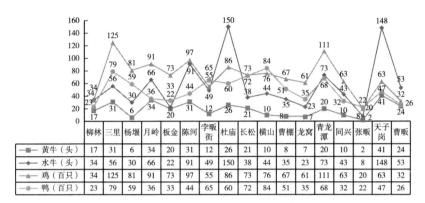

	柳林	三里	杨堰	月岭	板金	陈河	孛畈街	杜庙	长松	横山	曹棚	龙窝	青龙潭	同兴	张畈	天子岗	曹畈
黄牛（头）	17	31	6	34	20	31	12	26	21	10	8	7	20	10	2	41	24
水牛（头）	34	56	30	66	22	91	49	150	38	44	35	23	73	43	8	148	53
鸡（百只）	34	125	81	91	73	97	55	86	73	76	67	61	111	63	20	63	32
鸭（百只）	23	79	59	36	33	44	65	60	72	84	51	35	68	32	22	47	26

图 5 - 2　2020 年孛畈镇辖区牛、鸡、鸭等养殖情况

资料来源：根据安陆市孛畈镇 2018 ～ 2020 年农业统计年报整理。

孛畈镇在生猪养殖上坚持走规模化、现代化与标准化发展之路，其中，龙头养殖场的创业示范作用明显。全镇拥有 11 个大型养猪场，出栏超过 1 000 头的养殖场有 7 座，位于孛畈镇黄寨村（现张畈村）的神州二厂的养殖规模为最大，总出栏数 20 000 多头，平时存栏多达 7 000 多头，能繁殖的母猪也高达 1 000 余头，在所有养猪场中其养殖规模遥遥领先（见图 5 - 3）。该养殖场的创始人早年在北京创业过程中积累了较为丰富的创业、企业经营管理经验，其养殖场的设施、运营均采用较为现代化的科学养殖模式，确保了生产的规模效益。

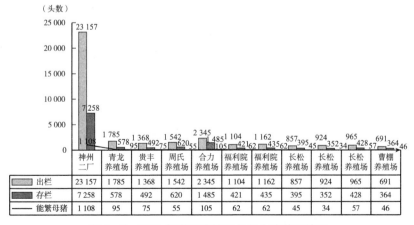

	神州二厂	青龙养殖场	贵丰养殖场	周氏养殖场	合力养殖场	福利院养殖场	福利院养殖场	长松养殖场	长松养殖场	长松养殖场	曹棚养殖场
出栏	23 157	1 785	1 368	1 542	2 345	1 104	1 162	857	924	965	691
存栏	7 258	578	492	620	1 485	421	435	395	352	428	364
能繁母猪	1 108	95	75	55	105	62	62	45	34	57	46

图 5 - 3　2020 年孛畈镇辖区各村生猪养殖情况

资料来源：根据安陆市孛畈镇 2018 ～ 2020 年农业统计年报整理。

（三）孝畈镇特色林业产品

孝畈镇的地形、地貌特征为西南部为高山与中高丘陵，中东部是低山和岗地，地势西高东低，海拔在 48~518 米之间。孝畈镇具有地方特色的林产品以白果、板栗、银杏叶、油茶籽等为主。三里村、杜庙村因分别位于西北高山、中高丘陵地带，其板栗、油茶籽、白果等林业产品相对较多。上述两地与古银杏国家森林公园、白兆山所处地形地貌接近，也多产白果等银杏产品。同时，竹木采伐量相对其他村社要明显多些，以 2020 年为例，三里村采伐 87 立方米、杜庙村则为 85 立方米（见表 5-1）。

表 5-1　　　　　　　　2020 年主要林产品及竹木采伐产量

社区/村	油桐籽（吨）	油茶籽（吨）	木籽（吨）	白果（吨）	银杏叶（吨）	板栗（吨）	核桃（吨）	竹笋干（吨）	其他农产品	木材（立方米）	竹材（万根）
柳林			0	2.4	2	6.2	0.4				
三里	2	2	4	4.8	3	7.2	1.2			87	
杨堰			1	1.3	4	3.5				54	
月岭			1	2.4	3	11.7	0.8			25	
板金			1	1.4	7	2.5			12		
陈河		1	1	0.8	4						
孝畈街	2		1	6	2					24	
杜庙	1	1	1	1.4	1	0.7				85	
长松	1		1	0.3	6						
横山					4						
曹棚			1	1.3	2					14	30
龙窝										18	31
青龙潭											

续表

社区/村	油桐籽（吨）	油茶籽（吨）	木籽（吨）	白果（吨）	银杏叶（吨）	板栗（吨）	核桃（吨）	竹笋干（吨）	其他农产品	木材（立方米）	竹材（万根）
同兴										32	
天子岗			0.3	0.2	2						
曹畈			0.4	0.2	3	1.6					
合计	6	4	12.7	22.5	43	33.4	2.4		12	339	61

资料来源：根据安陆市孛畈镇 2018~2020 年农业统计年报整理。

（四）茶叶与水果产量情况

孛畈镇属亚热带季风气候，四季分明，雨热同季，光照充足，无霜期长，常年平均气温 20 度左右，适合该气候特征的茶叶、水果经济作物主要以绿茶、柿子、桃子以及桔子等林产品为主（详见表 5－2），其中，绿茶年产量 2020 年合计为 13 吨、水果则为 827 吨，桃子产量所占的比重最大（622 吨），柿子次之（111 吨）。

表 5－2　　　　　　　2020 年孛畈镇全镇茶叶、水果产量统计

社区/村	1. 茶叶、茶园（吨）		2. 园林水果产量（吨）						3. 年末果园面积（亩）					
	茶叶产量	其中：绿茶	小计	柑桔	梨子	葡萄	柿子	桃子	小计	柑桔	梨子	葡萄	柿子	桃子
柳林	1	1	77	10	0	0	22	44	51	15	0	0	11	16
三里	1	1	209	13	7	0	39	146	120	15	0	0	22	48
杨堰	1	1	39	13	0	0	5	19	31	15	0	0	3	4
月岭	0	0	136	19	0	0	25	89	93	15	0	0	13	28
板金	0	0	85	6	0	0	8	71	34	0	0	0	5	20
陈河	3	2	45	0	0	3	2	42	16	0	0	29	1	10
孛畈	4	3	34	0	0	3	2	29	27	0	0	29	1	26

续表

社区/村	1. 茶叶、茶园（吨）		2. 园林水果产量（吨）						3. 年末果园面积（亩）					
	茶叶产量	其中：绿茶	小计	柑桔	梨子	葡萄	柿子	桃子	小计	柑桔	梨子	葡萄	柿子	桃子
杜庙	2	1	70	0	0	5	1	70	40	0	0	57	0	41
长松	0	0	14	0	0	0	1	13	5	0	0	0	0	4
横山	0	0	15	0	0	0	1	14	5	0	0	0	1	4
曹棚	0	0	26	0	0	0	1	26	8	0	0	0	2	8
龙窝	0	0	15	0	0	0	0	15	2	0	0	0	0	2
青龙潭	0	0	15	0	0	0	2	15	16	0	0	0	2	13
同兴	1	1	13	0	11	0	0	0	28	0	30	0	0	11
张畈	0	0	0	0	0	0	0	0	0	0	0	0	0	0
天子岗	0	0	21	1	3	0	2	15	90	0	44	0	5	13
曹畈	0	0	13	0	0	0	0	14	5	0	0	0	0	8
合计	13	10	827	62	21	11	111	622	571	60	74	115	66	256

资料来源：根据安陆市孛畈镇 2018～2020 年农业统计年报整理。

　　孛畈镇在狠抓四类特色产业发展的同时，始终坚持以"项目为王"，尝试构建具有镇域特色的未来现代产业发展体系。一是签约青龙潭文旅、董冲生态农庄等 4 个项目，总投资额 8 亿元；二是依托孛畈属地龙头企业湖北白兆山水泥厂，引进绿色创业新型建材项目；三是引进彬禾管道、利成俊业 3D 眼镜等工业项目；四是发挥本土文旅资源优势，着眼孛畈山区生态乡镇、农业特色乡镇实际，全力争取乡村振兴、四好农村路、农田水利基础设施等领域项目与资金。目前，争取乡村振兴、农村道路建设类项目 3 个，政策性项目资金 1 012 万元。

三、孛畈镇主要人口集镇分布

安陆市孛畈镇全镇 17 个居民委员会的行政区划面积为 11 720 公顷（见图 5 - 4），截至 2020 年，全镇人口总数为 3.5149 万人，其中乡村人口为 3.294 万人。行政区划面积最大的为青龙潭社区（1 454 公顷），其次为三里社区（1 343）。

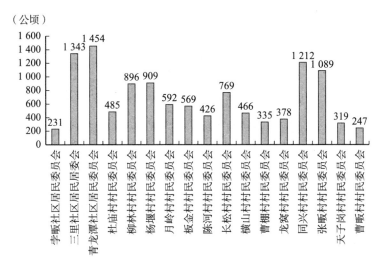

图 5 - 4　孛畈镇行政区划面积分布一览

资料来源：根据安陆市孛畈镇 2018～2020 年农业统计年报整理。

（一）大集镇人口分布与其区划面积不均衡

孛畈镇的人口总体分布与其区划面积没有达成均衡一致。以长松社区为例，该社区的总人口在所有 17 个社区中最多，其户籍人口数为 4 022 人（以 2020 年末人口数为统计口径），但其行政区划面积则居中为 769 公顷。三里社区和青龙潭社区两地则紧随其后，分别是 2 985 人、2 916 人。

（二）集镇（村社）人口中男女比例分布相对合理

孛畈镇人口中男女分配比例较为合理，男女数量差距不大，基本呈现男性比女性稍多局面，横山村右侧的村社男性比女性的数量稍多，横山村左侧的村社男女数量差距相对较小。总体而言，根据左右村社的区位可以判断，靠近东南的村社（地势相对平缓）男性数量要明显多于女性，靠近高山与中高丘陵地带的村社男女比例相对合理，男性与女性数量接近（见图 5 - 5）。

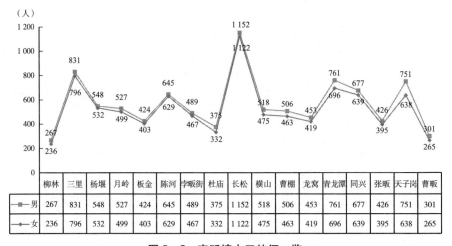

（人）	柳林	三里	杨堰	月岭	板金	陈河	孛畈街	杜庙	长松	横山	曹棚	龙窝	青龙潭	同兴	张畈	天子岗	曹畈
男	267	831	548	527	424	645	489	375	1 152	518	506	453	761	677	426	751	301
女	236	796	532	499	403	629	467	332	1 122	475	463	419	696	639	395	638	265

图 5 - 5　孛畈镇人口特征一览

资料来源：根据安陆市孛畈镇 2018 ~ 2020 年农业统计年报整理。

（三）集镇（村社）人口谋生行业同人口数量及地理区位特征基本匹配

综合表 5 - 3、图 5 - 6 的数据可知，劳动年龄人口数超过 1 000 人的几个大集镇（村社），诸如三里、长松、青龙潭、陈河等村、社区人口从事的职业类型更为多样，且这些大村社的农林渔牧业、非农业从业人数均较多。以陈河村为例，其人口相对均衡的从事于工业（204 人）、建筑业（239 人）、批发零售业（114 人）、住宿餐饮业（46 人）以及其他非农产业。在地理区位上，三里社区、长松村等地处于该镇西部、西南部多山、丘陵地带。

表 5 – 3　　李畈镇 2018～2020 年户数、人口及劳动人口数等一览

村社名称	2018 年			2019 年			2020 年		
	乡村户数（户）	乡村人口（人）	劳动年龄内的人口数（人）	乡村户数（户）	乡村人口数（人）	劳动年龄内的人口数（人）	乡村户数（户）	乡村人口数（人）	劳动年龄内的人口数（人）
柳林	222	873	396	222	856	395	234	856	395
三里	836	3 021	1 542	835	2 985	1 539	879	2 985	1 541
杨堰	500	1 910	1 073	500	1 873	1 071	526	1 873	1 072
月岭	455	1 502	938	455	1 473	936	479	1 473	937
板金	376	1 635	883	376	1 653	881	396	1 653	882
陈河村	476	2 021	1 186	476	1 997	1 184	501	1 997	1 185
李畈	413	1 668	968	413	1 657	966	435	1 657	967
杜庙	432	1 862	861	432	1 854	859	455	1 854	860
长松	1 026	4 023	2 126	1 026	4 022	2 122	1 079	4 022	2 124
横山	472	1 862	802	472	1 840	800	497	1 840	801
曹棚	341	1 241	791	341	1 239	789	359	1 239	790
龙窝	343	1 362	864	342	1 354	862	360	1 354	863
青龙潭	844	2 914	1 497	844	2 916	1 494	888	2 916	1 496
同兴	652	2 564	1 251	652	2 514	1 248	686	2 514	1 249
张畈	704	2 732	1 603	704	2 731	1 600	741	2 731	1 602
天子岗	248	951	451	248	948	450	261	948	450
曹畈	256	1 026	617	256	1 029	616	269	1 029	617
合计	8 596	33 167	17 849	8 594	32 941	17 812	9 045	32 941	17 831

资料来源：根据《安陆市 2021 年统计年报》相关资料整理。

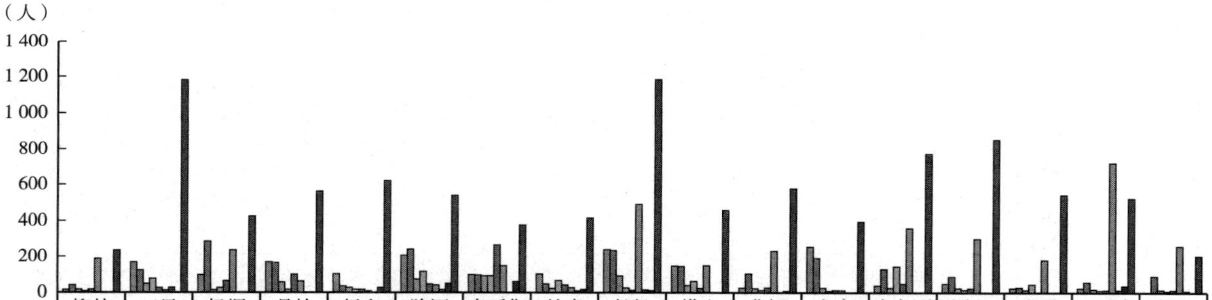

	柳林	三里	杨堤	月岭	板金	陈河	李畈街	杜庙	长松	横山	曹棚	龙窝	青龙潭	同兴	张畈	天子岗	曹畈
工业	15	168	96	168	101	204	97	101	236	145	26	251	38	49	24	24	0
建筑业	40	122	285	163	35	239	95	47	231	143	103	188	128	87	28	57	90
交通运输业	17	48	14	56	27	72	91	23	91	39	23	26	26	24	7	18	15
批发零售业	8	76	26	16	17	114	91	66	26	62	13	9	142	15	45	11	8
住宿餐饮业	17	26	63	99	17	46	263	42	12	23	27	6	48	23		6	6
其他非农行业	188	5	235	62	1	41	146	27	490	147	227	5	356	295	177	715	253
仓储及邮电业	0	27	0	0	0	16	0	10	7	0	0	0	0	0	0	6	1
信息传输计算机服务业	0	0	0	0	27	50	60	18	11	0	1	0	0	0	0	37	0
农林牧渔业	235	1181	424	561	619	538	376	415	1182	457	576	393	767	846	540	521	199

图 5-6　孛畈镇各村社从事相关行业人口分布特征

资料来源：根据安陆市孛畈镇 2018～2020 年农业统计年报整理。

四、孛畈镇农村消费情况

截至 2019 年，我国农村居民常住人口为 5.51 亿人，占总人口的比重接近 40%，人口体量依旧比较大（吕思雅，2022）。与此同时，我国农村消费结构在逐渐发生着翻天覆地的变化。从消费能力角度来看，农村居民可支配收入增速连续多年快于城镇居民，其中包含在外长期务工的农民将收入带回户口所在地的消费，新形势的转变为农村消费提供了物质保障（沈实和杨宏，2022）；从消费需求角度来看，农村消费需求存在逐步升级特征，农村居民对于消费品的品牌、品质要求越来越高，针对大件消费品，诸如汽车等商品的购买以及服务消费需求在不断增加。随着农村光纤宽带入户数量的增加，农村居民已开始逐渐习惯于线上消费，手机支付以及将手机作为"新农具"的趋势较为明显。农村居民的消费已悄然从生存型逐步向享受型转变（严奉宪和胡译丹，2018），我国农村消费市场迫切需要多元化的消费供给。

通过对孛畈镇的农村居民收入与支出分布、商业结构、消费特征（含新消费形态）以及商业形态的综合调查分析发现，该镇农村居民的收入以及消费基本同国家整体水平特征相符。

孛畈镇的农业收入占农村经济总收入的比重接近 20%（见图 5-7）。孛畈镇 2019 年的农村收支调查表显示，5.2316 亿元的农村经济总收入中，农业收入总计为 1.4532 亿元，其中直接出售的农产品数量为 1.1018 亿元，所占比例接近 20%（孛畈镇人民政府，2022）。该数据从侧面证实，在我国绝大部分农村地区，农业收入占农村经济收入的比重在缩小，农村其他经济形态或创收途径越来越多元化，农村经济总体收入在不断提升。

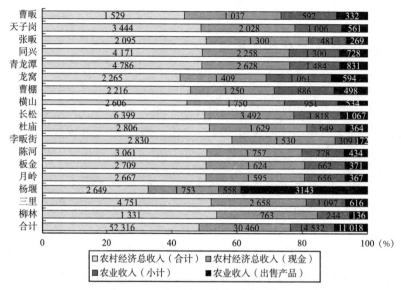

图 5 - 7 2019 孛畈镇农业收入情况

资料来源：安陆市孛畈镇 2019 年农村收支调查表。

孛畈镇农村经济收入呈现多元化发展趋势。以孛畈镇的长松、青龙潭、陈河等代表村社为例，其交通运输、建筑业，以及其他非农行业的收入份额较大。在农业收入中，种植业和畜牧养殖业所占的比重较大，林业、渔业以及各类加工业在农村经济收入中也均有所体现，契合了孛畈镇农村的发展现状（见图 5-8）。

孛畈镇农村居民的收支两端呈现明显的"剪刀差"。孛畈镇的农村经济纯收入高达 4.9 多亿元，而总体的经济费用（含农业支出、粮油支出）总计为 3 289 万元，在一定程度上说明孛畈镇的农村居民的居民储蓄意愿较强，而投资、消费驱动不足（见图 5-9）。

孛畈镇农村居民的年平均收入水平差异较小。由图 5-10 可知，无论是 2018 年还是 2019 年，17 个村社的农民平均年收入村社间的差异均较小。2018 年的农民平均收入中 17 个村社的平均值基本处于 11 000 ~ 12 000 元之间，除去个别乡村如杨堰、横山村略高外，其他基本处于该水平；2019 年的平均收入在 14 000 ~ 15 000 元之间。说明孛畈镇农村居民的年平均收入村与村之间差异小，收入水平相对较低。2019 年的平均收入要普遍高于 2018 年的平均收入。

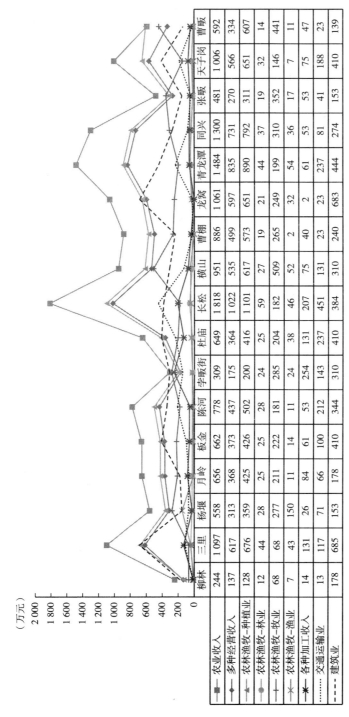

（万元）	柳林	三里	杨堰	月岭	板金	陈河	李畈街	杜庙	长松	横山	曹棚	龙窝	青龙潭	同兴	张畈	天子岗	曹畈
农业收入	244	1 097	558	656	662	778	309	649	1 818	951	886	1 061	1 484	1 300	481	1 006	592
多种经营收入	137	617	313	368	373	437	175	364	1 022	535	499	597	835	731	270	566	334
农林渔牧—种植业	128	676	359	425	426	502	200	416	1 101	617	573	651	890	792	311	651	607
农林渔牧—林业	12	44	28	25	25	28	24	25	59	27	19	21	44	37	19	32	14
农林渔牧—牧业	68	68	277	211	222	181	285	204	182	509	265	249	199	310	352	146	441
农林渔牧—渔业	7	43	150	11	14	11	24	38	46	52	2	32	54	36	17	7	11
各种加工收入	14	131	26	84	61	53	254	131	207	75	40	2	61	53	53	75	47
交通运输业	13	117	71	66	100	212	143	237	451	131	23	23	237	81	41	188	23
建筑业	178	685	153	178	410	344	310	410	384	310	240	683	444	274	153	410	139

图5-8　2019李畈镇农村多种经营收入等分布情况

资料来源：安陆市李畈镇2019年农村收支调查表。

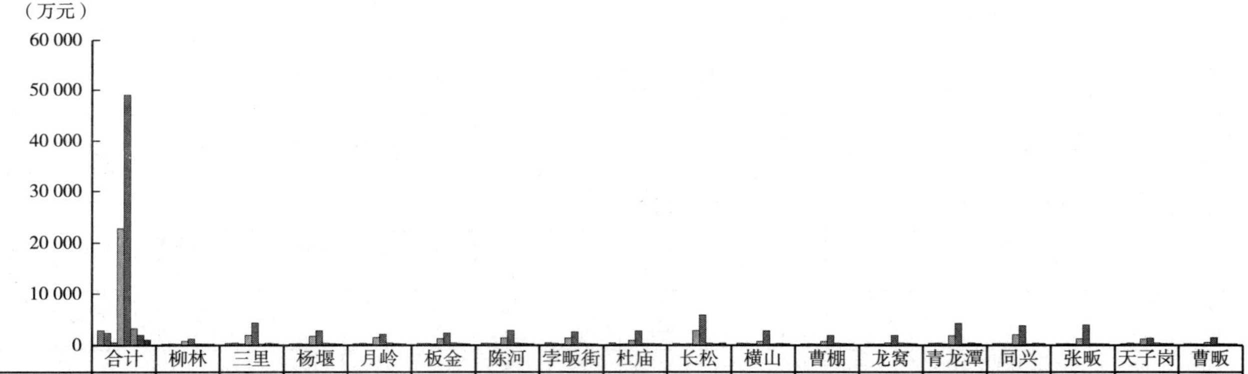

	合计	柳林	三里	杨堰	月岭	板金	陈河	孛畈街	杜庙	长松	横山	曹棚	龙窝	青龙潭	同兴	张畈	天子岗	曹畈
商业饮食业收入	2 881	34	368	45	45	86	149	468	207	340	149	45	30	383	117	64	293	58
服务业收入	2 379	84	450	84	128	112	112	128	253	253	99	57	27	183	112	57	198	44
各种补贴	507	12	59	17	21	21	21	28	28	45	24	28	28	41	62	21	41	13
劳务及其他收入	22 792	809	1 965	1 776	1 528	1 303	1 423	1 412	945	2 858	781	771	231	1 896	2 074	1 265	1 213	543
农村经济纯收入	49 027	1 262	4 377	2 864	2 154	2 396	2 926	2 623	2 810	5 902	2 836	1 933	1 954	4 295	3 852	3 969	1 371	1 505
农村经济总费用（支出）	3 289	63	264	166	188	217	170	141	115	402	257	178	203	311	273	69	206	66
农业（总费用/支出）	1 990	44	163	88	86	95	105	65	80	295	132	108	135	224	158	45	113	54
粮棉油（总费用/支出）	1 065	19	66	24	45	55	48	28	41	173	67	56	74	107	107	29	86	42

图 5-9 2019 孛畈镇农村收支（费用）分布情况表

资料来源：安陆市孛畈镇 2019 年农村收支调查表。

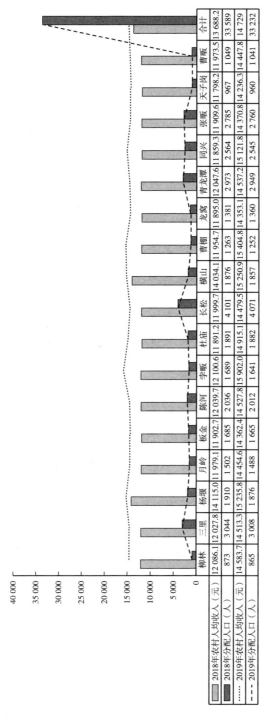

	柳林	三里	杨堰	月岭	板金	陈河	孛畈	孛庙	长松	横山	曹棚	龙窝	青龙潭	同兴	张畈	天子岗	曹畈	合计
2018年农村人均收入（元）	12 086.1	12 027.8	14 115.0	11 979.1	11 902.7	12 039.7	12 100.6	11 891.2	11 999.7	14 034.1	11 954.1	11 895.0	12 047.6	11 859.3	11 909.6	11 798.2	11 973.5	13 688.2
2018年分配人口（人）	873	3 044	1 910	1 502	1 685	2 036	1 689	1 891	4 101	1 876	1 263	1 381	2 973	2 564	2 785	967	1 049	33 589
2019年农村人均收入（元）	14 583.7	14 513.3	15 235.8	14 454.6	14 362.4	14 527.8	15 902.0	14 915.1	14 479.5	15 250.9	15 404.4	14 353.1	14 537.2	15 121.8	14 370.8	14 236.3	14 447.8	14 729
2019年分配人口（人）	865	3 008	1 876	1 488	1 665	2 012	1 641	1 882	4 071	1 857	1 252	1 360	2 949	2 545	2 760	960	1 041	33 232

图 5−10　2018 年、2019 年孛畈镇农村人均收入水平

资料来源：安陆市孛畈镇 2019 年农村收支调查表。

孛畈镇的农村居民传统生产、消费途径与新兴消费模式并存。通过对孛畈镇下辖孛畈街、张畈村、天子岗村等村的实地走访，以及孛畈镇2020年农村收支调查数据的综合分析，可知孛畈镇农村居民的相关生产与消费模式逐渐呈现以下特点。

一是孛畈镇农村居民通过加入农民专业合作社来提升其农业生产的效率和产量，一些村社的农业生产组织开始创立与组建相对现代化的农产品加工企业，部分发展较快的村社也开始创立农产品加工企业。

二是孛畈镇农村居民借助国家新基建在农村的推广，尝试利用互联网、手机（"新农具"）开展农产品的网上销售，从事网络农产品销售的农户数量较多，同时，村民逐渐接受线上消费的全新消费模式。

三是孛畈镇农村居民的消费途径和模式为"以线下的大集市、商超和卖场为主，兼有线上消费"的混合式消费。如图5－11所示，一些村社的集市基本囊括了乡村居民基本生活物品的供应与消费，消费场景相对简单，在餐饮早点、农产品集市交易、日用品的商超和卖场进行基本的线下交易；而其他改善型的书籍类、轻工类、电子类等产品的消费基本通过网络购买。

四是孛畈镇农村居民在政府带领下开始尝试直播带货等时下流行、全新的交易与消费模式。2022年1月17日，安陆市供销社同孛畈镇政府共同协商主办的，由楚祥电商、月落岭食用菌专业合作社承办的"开展农产品上行，助力乡村振兴"首届孛畈香菇直播展销专场获得较好的反响和效果。连续三天的直播带货活动，成交香菇订单量2 100件，成交金额为50 924.5元（宋琼莉，2022）。该活动的示范作用明显，激发了新兴农业经营主体、生产与销售主体探索新方法、新模式与新工具的热情，增强了其试水时下全新产品推广与消费模式的信心。

五、调研结论及对策建议

通过对安陆市孛畈镇农村地区历时半年的实地走访与调研，以及对收集的二手数据的描述性统计分析，课题组针对孛畈镇农村的主要产业分布现状、人口特征、农村居民收支现状以及消费状况，获得了以下基本的调研结论：

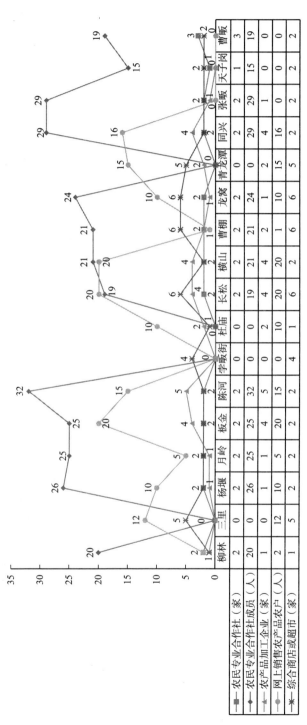

图 5 - 11　2020 年孛畈镇农村主要商业形态分布情况

资料来源：安陆市孛畈镇 2019 年农村收支调查表。

受农村居民收入水平限制，孛畈镇农村居民的消费水平普遍不高。近年来，中央和地方政府都出台了众多的鼓励消费措施，如家电、汽车下乡补贴，政府消费券等优惠政策，尝试去拉动和刺激农村居民的消费潜力，但受制于农村居民自身创收能力和产业的限制，难以较大幅度地提升农业收入，非农收入又完全依赖农村居民的个人技能水平，农村居民的平均收入和可支配收入一直处于较低的水平。

受制于地理、交通等硬件环境因素，同时，相关产业基础较弱，孛畈镇的特色产业还未形成规模和品牌效应。尽管在孛畈镇政府帮扶下，农村自治组织尝试开拓了食用菌特色农产品种植、肉牛的生态养殖、水果种植等产业领域，但就当前的发展水平来看，产业规模偏小，产品缺乏竞争力，对农民增收的代动作用有限，其中，水果种植等方面的潜力未得到有效挖掘。未来需要引入更多的社会资本以及现代的经营管理理念和模式，助推孛畈镇特色产业发展，提升农村居民的收入水平。

因农村居民接受教育的整体水平不高，孛畈镇农村地区居民从事的行业基本上以农业生产为主。从孛畈镇 17 个居民委员会社区的居民从事的行业与职业、劳动人口数量等数据来看，孛畈镇农村居民主要从事的依旧是传统农业生产。同时，农业生产带来的收入占其主要收入的比重不高，农业收入对整体收入水平的贡献力度不大，绝大部分的青壮年劳动力主要是以外出务工为主，收入多转为了"以防万一"的储蓄为主，主动消费的动力不足。

由于互联网、物流等建设相对落后，孛畈镇地区农村居民的线上消费习惯、商务模式还未完全普及。近年来，虽然孛畈镇农村地区的光纤入户率较高，但整体的物流、技术配套等基础设施水平还相对较低，并缺乏高素质人才的返乡就业、创业推动，孛畈镇在农产品在线交易、直播带货以及线上消费上，还显得较为滞后，农村消费还是以大集市等线下消费交易为主导。

基于上述结论，我们认为可以从四个方面开展系统性工作，有效促进农村消费水平提升。一是各级地方政府要出台更多实际的优惠政策，拓展农村居民创收渠道。促进农村消费，增加农村居民的收入水平是重中之重，不仅要扶贫还要扶智，将政策落实到农村居民的技能水平提升和创富能力提高上。从提升农村居民的技能水平出发，加强政策宣传，强化技能培训，利用多维渠道拓展农村居民的就业方向。

二是乡村振兴的首要之义是产业振兴，各级地方政府要从当地资源禀赋、产业基础出发，打开发展思路，引进资金、引入人才，为各乡村带来符合地方特色的产业。在产业体系构建上发力，真正落实"一村一品"，甚至一村多业。只有产业兴旺了，农村地区的吸引力才会增强，优秀年轻人才才能"回巢"，农村居民增收的正向效应就会不断放大。

三是乡镇地方政府要与上级政府职能部门多沟通联系，争取更多的农村技能免费培训项目。定期开展一些不同工种和职业的培训工作，诸如移动互联网、新媒体、直播带货等新农具（手机）的使用培训，提升农村居民的创新、创业开拓能力，为农村居民带来更多的谋生手段和途径。

四是加大农村地区的数字化基础设施投资与建设力度，缩小乡村同城市间的数字鸿沟。要让绿色、环保、有机的农产品能够更为快捷地上行至城市市场和居民消费者手中。同时，让城市质优、价廉、丰富的消费产品、书籍等生活、生产、文化产品能够便捷地下行至农村消费者手上。

第二节　湖北省宜昌市夷陵区龙泉镇消费情况调查研究

如何激发农村消费潜力，推动农村消费结构升级，对于推进乡村振兴具有重要战略意义。从湖北省农村人均 GDP 以及人均可支配收入等相关指标数据来看，湖北省农村消费尽管与大中城市存在一定差距，但也孕育了巨大的消费潜力。从动态的增长潜力来看，过去几年，湖北省农村居民可支配收入增速一直高于城镇居民。2022 年上半年，湖北人均可支配收入为16 131 元，比上年同期增长 6.9%，高于全国平均水平 2.2 个百分点。按常住地划分，城镇居民人均可支配收入为 21 813 元，比上年同期增长 5.8%，高于全国平均水平 2.2 个百分点；农村居民人均可支配收入为 8 507 元，比上年同期增长 8.5%，高于全国平均水平 2.7 个百分点。上半年，农村居民人均可支配收入增速高于城镇居民 2.7 个百分点；城乡居民人均可支配收入比为 2.56，比上年同期缩小 0.07（湖北省统计局，2022）。城乡居民人均收入差距一直呈现缩小趋势。从边际消费倾向来看，2010 年以来，湖北省农村居民的边际消费倾向总体大于城镇居民，相对于城市居民，农村居民更愿意把新增收入用于消费支出。当前农村消费潜力相对而言比较大，是一个拥有巨大成长潜力的消费市场（王强和刘玉奇，2020）。

为深入了解湖北省农村消费市场的实际情况，我们深入湖北省宜昌市夷陵区龙泉镇调研走访，查阅统计资料，以宜昌市夷陵区龙泉镇的发展情况为案例，分析湖北省农村消费市场的现状和存在的问题，并提出了一些有针对性的对策建议。

一、龙泉镇基本情况介绍

夷陵区龙泉镇地处宜昌市城区东北部，距宜昌东站 14.5 千米。宜昌北站设计 9 台 20 线①，占地 8 万平方米，选址龙泉镇万家畈村。龙泉镇镇域面积 257 平方千米，辖 19 个村 1 个社区（含托管区），142 个网格，常住人口 10 万人，其中流动人口 4.5 万人，城镇建成区面积 5.8 平方千米，城镇化率 68%（郑星钥，2022）。龙泉镇的"稻花香"系列白酒和"晓曦红"宜昌蜜桔久负盛名。

"十三五"以来，龙泉镇先后被命名为中国白酒名镇、中国特色小镇、中国最美宜居村镇、中国高跷艺术之乡、湖北省旅游名镇，还高分通过国家卫生镇、全国文明村镇复审，先后获得诸多荣誉称号。

二、龙泉镇产业发展情况

全镇建成宜昌高铁北站产业园（龙泉片区）、三峡科技包装工业园、宜昌市小微企业创业园三大工业园区平台，共入驻企业 80 余家，规模以上工业企业 30 家，限上商贸企业 14 家（郑星钥，2022）。2021 年，全镇实现财政总收入 3.34 亿元，一般公共预算收入 1.3 亿元，农村常住居民人均可支配收入达到 32 445 元；完成规模工业产值 121.95 亿元，限上销

---

① 高铁站 9 台 20 线标准是有 9 个站台、20 条到发铁路线路。

售额 38.2 亿元，固定资产投资 42.71 亿元。2021 年，共有 26 个项目签约落地，稻花香万吨罍香型白酒智能化酿造基地等 29 个项目开工建设，祥临热电联产、广盛全产业链基地研发中心等 20 个项目投产达效。同时，引进 12 名乡贤能人回乡创业，回迁企业 5 家，新增各类市场主体 738 户。新建、改建标准桔园 12 000 亩，引进柑桔新品种 3 个。全年该镇接待游客 120 万人次，实现旅游综合收入 1.5 亿元。

龙泉镇现已形成以柑桔为主导的柑桔、畜禽、蔬菜、奶牛、水产五大农业产业。龙泉镇是全市柑桔无公害标准化生产示范乡镇，全面推行了柑桔无公害生产和全过程标准化管理，现有柑桔园 65 705 亩，年产量 75 945 吨。全镇成立农产品（柑桔）产销协会、用水者协会、畜牧兽医协会等专业协会总量达到 10 个，网络农户达 5 216 户，柑桔初加工企业已达 11 家，柑桔包装产品生产企业 1 家。

三、龙泉镇 2021 年财政收支情况

（一）财政收入执行情况

2021 年，全镇财政总收入完成 3.34 亿元，按收入级次划分：一般公共预算收入完成 1.3 亿元，为财政总收入的 39%；上划中央收入完成 2.04 亿元，为财政总收入的 61%。按征收单位划分：税务机关完成 3.32 亿元，财政部门完成 0.02 亿元（龙泉镇财政经管局，2022）。

（二）财政支出执行情况

2021 年全镇财政总支出 12 927.54 万元，剔除上级专款 5 135.57 万元，本级财政支出 7 791.97 万元，同比增加 2 704.94 万元，增加 53%。

四、龙泉镇农村消费情况

新冠肺炎疫情以后，该镇农村居民的消费呈现出了一系列变化，消费结构也展现出了一些新的特征。

（一）线上消费增加

从图 5 – 12 和图 5 – 13 的数据可以看出，在随机抽样调查的 300 多位居民中，在疫情前龙泉镇农村居民的消费方式主要是以线下消费为主，只有 24.01% 选择在线上进行消费，而其他 28.29% 则看自身的情况选择适合自己的消费方式。在疫情期间，人们的消费方式都悄然发生了一些变化，线上消费的比重从之前的 24.01% 上升到了疫情期间的 56.91%，而线下消费从之前的 47.7% 下降到了疫情期间的 27.3%。

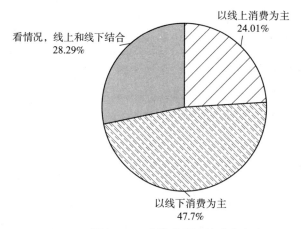

图 5 – 12　疫情前居民的消费方式

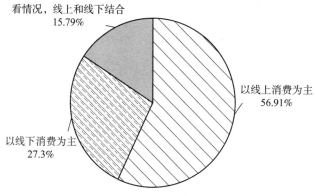

图 5 – 13　疫情期间的消费方式

随着物流业的快速发展，线上消费时效性更强，消费体验更方便，农村居民的线上消费数量在持续增加，农村居民的理性消费观念、健康消费观念逐渐加强。随着社会的快速发展，今后还可以大力发展农村线上交易市场，鼓励数字经济、在线教育、在线工作等各种新型行业下沉农村（赵磊，2020）。

（二）医疗用品消费增加、交通娱乐支出减少

从抽样调查的情况来看，疫情前后龙泉镇农村消费的变化明显。在疫情前，居民的主要消费支出在生活用品、食品生鲜、休闲娱乐和交通通信等方面，生活用品支出在消费支出中所占比例为79.93%，食品生鲜支出在消费支出中所占比例为68.09%，休闲娱乐支出在消费支出中所占比例为52.96%，交通通信支出在消费支出中所占比例为50.99%，而医疗用品支出在消费支出中所占比例为22.04%。

疫情期间，居民消费支出有了较大变化。交通通信支出由原来占消费支出的50.99%下降到疫情期间的6.91%，休闲娱乐支出由原来占消费支出的52.96%下降到疫情期间的17.43%，医疗用品支出由原来占消费支出的22.04%增长到疫情期间的75.66%，居民大幅度增加了医疗用品的消费支出。（见图5-14、图5-15）。

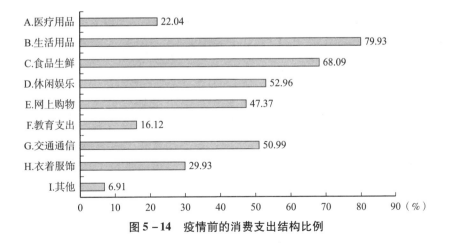

图5-14　疫情前的消费支出结构比例

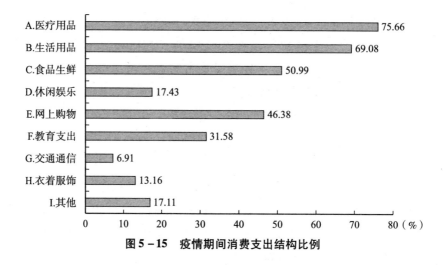

图 5 - 15　疫情期间消费支出结构比例

　　龙泉镇农村消费支出总体上呈下降趋势，但是对未来的预期消费有信心，居民的消费需求旺盛，生活必需品消费受到疫情的影响较小，非必需品的消费支出受到的影响比较大。在疫情过后，有望迎来居民消费支出的快速增长，居民可以积极调整消费结构，合理消费，更加注重产品的实用价值。同时，疫情也增强了人们的健康意识，农村居民的医疗用品消费支出明显增长。

（三）生活质量受疫情影响

　　疫情的出现不仅大范围的限制了人们的日常出行以及娱乐等活动，而且快递、餐饮、旅游、外卖等行业都受到了很大的影响（见图 5 - 16）。在随机抽样调查的 300 多位居民中，有 62.17% 的人认为新冠肺炎疫情的出现在一定程度上使生活质量下降了，有 23.68% 的人认为自己的生活质量严重下降了，有 12.83% 的人认为疫情的出现对自己的生活质量没有任何的影响，而还有 1.32% 的人则认为疫情的出现在一定程度上改善了自己的生活质量。后期，对认为生活有所改善的居民进行了访谈，该部分居民大部分是老年人，疫情期间，在一定程度上给了大家更多亲情团聚的时光。

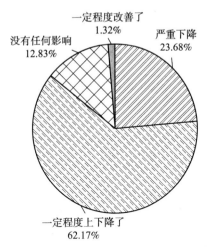

图 5 - 16　疫情期间消费情况变化对生活质量的影响

（四）消费频率降低

新冠肺炎疫情不仅影响了农村居民的生活质量，还使得农村居民的购买频率有所降低。在调查的农村居民中有 77.96% 的人认为在疫情期间购买频率降低了；有 10.53% 的农村居民认为在疫情期间购买频率提升了；还有 11.51% 的农村居民认为疫情期间的购买频率不变。新冠肺炎疫情的暴发使农村居民的收入大幅度减少，是大部分农村消费频率降低的主要原因。农村居民的出行、消费、购物等多方面都受到了限制，也拉低了农村居民的消费频率（见图 5 - 17）。

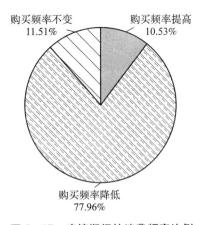

图 5 - 17　疫情期间的消费频率比例

（五）"享受型"消费和"发展型"消费比重较低

2015～2019 年，农村居民主要还是以"生存型"消费为主导，"享受型"消费和"发展型"消费比重较低。虽然"发展型"消费的比重有所上升，但是"发展型"消费与"享受型"消费的比重之和仍低于"生存型"消费的比重。农村居民的消费主要还是以衣食为主，消费层次不高，消费结构有所优化（见图 5－18）。

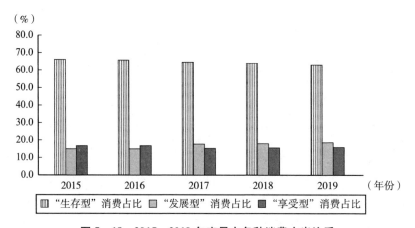

图 5－18　2015～2019 年宜昌市各种消费支出比重

资料来源：根据宜昌市统计局编．宜昌统计年鉴［M］．北京：中国统计出版社，2015～2019 整理。

五、龙泉镇农村消费存在的主要问题

（一）消费观念相对滞后

目前，龙泉镇农村居民的收入主要用于储蓄，由于农村居民长期受"居安思危""省吃俭用""勤俭持家"等传统观念的影响，大多数农村居民现阶段对于"享受消费""投资性消费""超前消费"等消费观念还处于一种抗拒状态。现有消费观念并没有很好拉动镇域经济发展，甚至对于龙泉镇农村地区的消费市场扩展具有消极作用。究其主要原因在于，一是龙泉镇农村居民受教育程度普遍不高。最近几年，随着政府对农村教育的大力支持，农民的受教育水平明显提高，综合素养不断提升，但相对于城镇居民，仍然处于较低层次。在一定程度上影响了农村居民对教育、文化等消费的长远思考。二是受不合理消费支出的影响较大。人情往来方面的支出显著增加，对农村居民的正常生活有所影响。这种消费方式不仅不利于社会良好风气的形成，也会挤占农村居民"发展型"和"享受型"消费的支出。

（二）消费环境不优

目前，农村消费环境总体趋势向好，但有部分区域仍存在短板。少量农村道路比较狭窄，公共交通工具比较少，政府投资力度不足，农村主干道路、电力和网络、通信等不能适应农村经济社会发展需要；农村初级产品销售链和电子商务网络平台不够先进，流通渠道单一，受农产品季节性的影响，部分农产品积压严重，不利于农民增加收益，抑制了农民的消费积极性；农村商品流通市场体系不健全，政府对假冒伪劣产品打击力度不足，市场监管不到位，不良商家欺骗消费者的现象时有发生。少数农村居民对这些商家不知如何投诉，导致自身利益受损，严重影响了农村居民购买商品的热情。

（三）消费支出不足

农村居民的消费支出相对不足，疫情期间比疫情前的消费支出有所减少。疫情前只有 13.49% 的居民认为月消费支出需要在 1 000 元以下，但是疫情期间这一数据上升为 31.91%；疫情前有 51.32% 的农村居民认为月消费支出在 1 000～2 000 元之间，疫情期间这一数据上升为 44.41%；疫情前有 31.58% 的农村居民认为他们的月消费支出在 2 000～3 000 元之间，疫情期间这一数据下降为 18.75%；不管是疫情前还是疫情期间，都只有少数农村居民认为他们的月消费支出在 3 000～4 000 元，甚至是 4 000 元以上。通过调查对比可知，疫情期间因为物价上涨、出行不易等各种原因，使得农村居民的月消费支出有所减少（见图 5－19、图 5－20）。

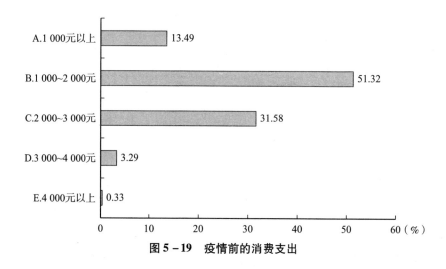

图 5 - 19　疫情前的消费支出

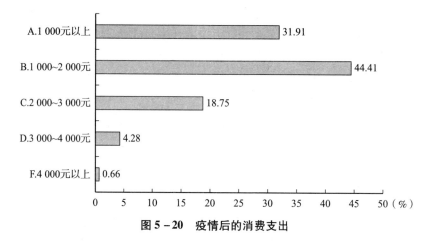

图 5 - 20　疫情后的消费支出

（四）社会保障体系不够完善

社会保障体系主要包括社会保险、社会救助和社会福利。现阶段，农村城乡二元经济仍然明显，农村社会保障体系不够健全，强化了农村居民的储蓄意识，间接影响了农村居民的支出水平。农村社会保险覆盖面不足、参保率低，社会保险难以保障农民的合法权益，医疗保险在农村居民中的作用没有得到充分发挥。在一些重大疾病面前，农村居民还面临着"治不起病"的难题。对于一些失业失地的农村居民来说，也缺乏失业保险等政策的保障。在遭遇重大灾害后，社会以及政府对于农村居民的救助只能解决短期问题，灾害造成的长期损失将长期存在。此外，由于近几年物价水平持续上涨，农村居民的收入增幅跟不上物价增幅，其消费欲望与购买力也受到了一定的影响。部分农村居民认为未来充满更多的不确定性，宁愿将更多的钱用于储蓄也不愿进行消费，该现象制约着农村消费支出，也阻碍了农村消费结构的优化升级。

（五）农村市场发展不全面

农村市场监管不力，假冒产品缺斤短两现象时有发生，导致农村居民的消费信心受到了影响。市场上的产品价格过高、质量较差，人们就会对农村市场失去信心，严重影响农村市场的发展（陈世辉和殷晓红，2019）。

农村市场相对较小，农村居民的消费选择也不多。同时，部分农村市场仍存在假冒伪劣产品，加之少数销售人员的服务态度恶劣，导致农村居民的消费意愿降低。对所购买的产品质量不放心，使得很多农村居民都减少了消费支出，而当农村消费者的合法权益缺少有关部门的保护时，人们就会选择不消费或者减少消费来避免权益受损，进而严重影响了农村消费水平的提高。

六、激发农村消费潜力的对策建议

（一）多途径增加农民收入

农村居民收入的增长是居民增加消费支出的前提和基础，也是提升农村消费水平的关键，农村居民的收入越多，可用来消费支出的也就越多。为了让农村居民增收，改善收入水平与经济发展的不平衡现状，必须从多渠道、多方面着手。

一是因地制宜调整农业生产，推动农业发展紧跟时代潮流，农产品生产要以市场需求为导向。大力推广农业机械化，采用科学合理的生产方式，实现农业的可持续性。同时，创新推广农户与农业合作社等三步农企业的合作模式，达到农民增加收入来源、多渠道增收的目的。

二是加大对农业的扶持力度，为农民提供多元化的发展道路，鼓励社会各界为农村发展奉献自己的一份力量，对于革命老区和贫困地区，要不断探寻更有效的扶农、助农政策，缩小农村居民收入差距。

三是鼓励农村居民自主创业。在国家积极鼓励大众创业的背景下，农村居民可以通过自主创业增加收入，从而促进乡村经济的发展。同时，政府也可以通过一些补助政策，激励农村居民在非农忙时期进行非农就业，从而在农村居民土地收入基础上拓展其他来源的收入。

四是加强对农村居民的就业指导和培训，提高农村居民就业能力，增加农村居民就业机会，提高农村居民的合法收入。

（二）增强农村居民的消费意识

转变农村居民的消费观念，使之能顺应时代发展趋势，激发消费意愿，提高农村居民在其生活资料消费的基础上增加"发展"型消费与"享受"型消费方面的支出，提升生活质量（赵建凤，2019）。

一是强化农村居民对现代化消费理念的认识与理解，推动线上消费与线下消费相结合。随着互联网技术的推广和电商平台的兴起，人们购买商品的渠道逐渐多元化，应进一步增强人们对于互联网线上消费的兴趣，通过新闻、报纸、小视频等大众媒介的形式帮助人们树立现代化的消费观，增强农村居民的消费意愿。

二是帮助人们树立理性的消费观念，引导农村居民理性消费。在农村经济社会规则还不甚规范的情况下，农村居民的消费行为依然比较保守，一些攀比消费、从众心理也随之出现，需要政府通过政策手段去引导人们适度消费、健康消费，对于一些人情消费、铺张浪费行为要进行一定的抵制。注重农村消费中的教育、文化成分，促进精神文明消费。要重视农村教育的发展状况，提高农村居民受教育水平。经常开展一些适宜的娱乐活动，丰富农村居民在务农之外的闲暇生活。提高农村居民文化素养，引导其树立正确的消费观念，提升其对于生活的满意度。

三是激发农村居民的消费期望，增强农村居民对提前消费的认识。对于一些金融企业向农村居民合理提供信贷产品，政府在防范风险的基础上要给予政策支持。关于银行信贷产品的客观宣传要予以肯定，强化农村居民对于信贷金融产品的认识，更好完善农村地区居民的个人信用体系，提高人们的消费能力，提升农村居民的消费水平。

四是积极引导农村居民选择有特色的生活方式，杜绝浪费。逐步引入可循环经济产品，并使可循环经济产品逐步替代传统经济产品。建立合理的食物消费结构，鼓励居民进行精神文化消费，提高农村居民精神文化消费水平和质量。同时，注重消费品的性价比，引导农村居民合理消费，建立符合时代要求的新型消费观念。

（三）改善农村居民的消费环境

农村居民的消费环境在很大程度上限制了其消费支出。要逐步改善农村居民的消费环境，提升他们的消费需求。

一是完善农村的基本建设。在农村的道路交通、水利设施、通信等方面要加大资金投入。完善基础设施，改变农村居民原有的生活方式和消费方式，特别是物流体系的完善，可以极大地增进农村居民线上消费意愿。

二是加强对农村市场经济秩序的监督。要严厉打击销售假冒伪劣产品、造假等一系列影响社会秩序稳定的举动。加大对依法维权的宣传力度，进一步加强对于《消费者权益保护法》的宣传，提高农村居民的维权意识。要建立健全社会主义市场信息系统，改革农村市场监管体制，实行统一的市场监管。各市场主体要积极配合工商管理、市场监督等有关部门，严格规范市场交易，监督企业行为，解决市场纠纷，稳定市场秩序，保障农村居民合法权益，提高农村居民的消费信心，实现现代市场体系建设目标。

三是注重农村地区生态环境的保护。必须坚持把保护生态环境放在首要位置。政府部门需要采取相关措施治理水污染、垃圾污染和大气污染，对于废物、废气排放不达标的企业进行严格处置。对一些不经处理就随意排放污染物的企业予以停业处理。采取废水集中处理再排放的方法，进行垃圾合理分类，筹办垃圾集中处理站。要因地制宜合理利用资源，采用太阳能、风能发电等环保措施。农村生态环境可持续发展能够为农村居民提供一个良好的生活环境，也会促进农村居民增加消费、提升其生活质量。

四是不断优化农村地区的产业结构，以促进农村居民增收和经济发展为目标，构建现代农业发展体系。随着农村居民收入的增加，低档耐用品消费也会向中高档产品消费转移，为农村地区的产品提供了升级转折的契机。为了更好地实现农村供给侧结构性改革，应增加优质绿色农产品的供给，充分发挥农村不同产业区的特点，优化产品产业结构。

（四）提升农村居民社会保障水平

农村社会保障体系的完善对促进农村消费水平的提高具有重要作用。

一是政府应该增加对社会保障的投入。考虑到农村留守老人数量不断增加的情况，社会养老保险可适当增加对 60 岁以上老人的养老金，切实保障其生活需要。

二是加大对农村教育和医疗的投入。子女教育问题、医疗问题，一直都是农村居民关注的焦点。教育对于农村居民的子女显得尤为重要，政府需要继续推动公办教育改革，提升农村教育质量。由于医疗费用报销比例的问题，有些慢性病成为部分农村家庭的较大负担，需要进一步合理化不同疾病的报销政策。

三是改善农村交通状况。农村交通问题一直制约着农村的发展。农村道路硬化后，仍存在错车难等问题。农村公共交通还需进一步发展，一些地区的农村居民出入仍不方便，要提升农村消费水平，便利的交通是基础。

四是积极发展社会福利和慈善事业，促进农村贫困地区发展。以老年人、残疾人和贫困人口为重点，扩大社会福利范围，逐步提高农村居民福利水平，缩小城乡差距。逐步完善农村地区的福利体系，建设儿童或老年人福利社区，促进慈善事业日益成熟，增强全社会的慈善意识，积极兴建幼儿园、养老院、福利院等慈善机构。通过慈善事业促进农村地区的发展，让农村居民也可以得到更为周到的医疗照顾和养老支持。当农村居民的后顾之忧得到了解决，其消费信心会进一步上升，消费支出也会随之增加，消费结构也能不断优化。

（五）培育新的消费点

培育新的消费点，改变农村居民固有的消费方式，是激发农村消费潜力的有力举措。

一是大力开发农家乐。结合农村地区实际，在景色优美、空气清新、环境舒适的地方大力开发农家乐旅游，在提高农村居民收入的同时，激发农村消费。

二是提高发展型消费和享受型消费在居民消费开支中所占的比例。适当通过市场机制对食品、教育等方面实行有效的调节来完善消费政策，使得农民减少对以上问题的担忧，同时加强对于农村居民的消费引导，让其在满足基本生活的条件下，逐渐减少生存资料在消费支出中的占比。农村居民对于一些耐用品的消费还处于比较低的水平，可以适当加大对科技创新的资金扶持力度，发展一些新兴产业和高科技产业，带动农村消费。

三是适当发展消费信贷。在农村适当发展消费信贷，可以更好地帮助农村居民解决暂时性的资金不足问题。发展消费信贷可以帮助农村居民提高生活水平，也可以更好地促进农村消费。根据不同的地区，各种金融机构要根据农村居民的实际情况制定适合他们的信贷产品。当地政府也要对消费信贷加强监管，确保农村消费信贷有序发展。

四是深入推进汽车下乡、家电下乡等补贴活动。在《进一步优化供给推动消费平稳增长促进形成强大国内市场的实施方案（2019）》的基础上，有序推进老旧汽车更新、报废汽车更新，持续优化新能源汽车补贴结构，促进农村汽车更新换代，提振汽车业的消费。结合相关政策实施实际，进一步完善和调整政策，使政策发挥更大的刺激作用。

第三节　湖北省孝感市孝昌县花西乡消费情况调查研究

2021 年 2 月，中共中央、国务院发布了《关于全面推进乡村振兴加快农业农村现代化的意见》，提出了"全面促进农村消费""促进农村居民耐用消费品更新换代""满足农村居民消费升级需要，吸引城市居民下乡消费"等指导性内容。为了巩固拓展脱贫攻坚成果同乡村振兴有效衔接，激活农村消费将是现阶段脱贫地区发展的现实选择之一。

1993 年，孝感行署的县级孝感市一分为二，南部地区包括市区为孝南区，北部的 12 个乡镇为孝昌县。孝昌县建县时间不长，地处大别山地区，是典型的老区、山区、库区，所辖乡镇都为传统的农业乡镇，经济条件较差，一直都是国家级扶贫开发重点县。近年来，孝昌县委、县政府始终坚持以精准扶贫统揽全县经济社会发展全局，举全县之力向贫困宣战，脱贫攻坚工作迈出坚实步伐。2019 年底，孝昌县已脱贫 36 269 户、123 017 人，贫困发生率由 2014 年的 21.72% 下降至 0.17%；2020 年 4 月，经湖北省人民政府批准，孝昌县正式脱贫摘帽（王虹，2022）。孝昌县农村贫困人口已经全部脱贫，脱贫攻坚工作取得了显著成效。习近平总书记多次强调"脱贫摘帽不是终点，而是新生活、新奋斗的起点"，提出"实现巩固脱贫攻坚成果同乡村振兴有效衔接"的要求，这既是加快农业农村现代化的大势所趋，也是"十四五"时期"三农"工作的主题主线。同时，从孝昌县的十四五规划来看，做好衔接工作更是该县推进绿色崛起、建设山区强县的重要任务（吴琼，2022）。

花西乡地处湖北省孝昌县西部，东与花园镇、陡山乡相邻，西与安陆市李店镇、云梦县曾店镇交界，南与白沙镇接壤，北与季店乡相连。面积为 83.4 平方千米，全乡辖 1 个社区居民委员会和 14 个行政村，耕地面积 6.361 万亩。截至 2021 年末，总人口 4.8 万人，农业人口 3.2941 万人（国家统计局农村社会经济调查司，2022）。花西乡素有孝昌"粮仓"的美誉，是典型的农业乡镇，全乡水稻种植面积为 64 652.8 亩，旱作物种植面积为 8 872 亩。花西乡稻田农耕文化底蕴深厚，水稻年产量达 4 000 万余千克（周凌溪，2022）。乡域内河流干渠纵横交错，有澴河、女儿港、河口朱河、全民河，大小水库有幸光水库、全民水库、陈家坝水库，徐家河灌渠，全乡大小塘堰 896 个，保证了全乡 6 万余亩水田的灌溉，提高了防汛抗旱能力。2022 年初，本书课题组深入孝昌县花西乡集镇、农村田地，对该乡农村消费情况进了了解，并结合目前发展情况，对提升农村居民消费给出了相关建议。

一、花西乡产业发展情况

近年来，花西乡以乡村振兴为统揽，不断强化招商引资力度，大力推进乡级经济产业发展，推动本土企业发展壮大。湖北鼎协建材科技有限公司、花西景农农机专业合作社、林徐 6 兆瓦光伏基地、大胜纸品加工厂等企业项目发展良好。湖北宏展再生材料有限公司、湖北鑫邦生态农业有限公司肉牛养殖项目、华润孝昌 500MW 风光储一体化光伏等项目也相继顺利落户。截至 2020 年底，全乡规模以上工业总产值 2 747 万元，同比增长 4.31%；固定资产投资 7 150 万元，同比增长 0.97%；限上商贸销售额 1 873.4 万元；农业总产值 51 703 万元，同比增长 2.2%（国家统计局农村社会经济调查司，2022）。

花西乡农业支柱地位不断夯实，农业总产值 5.1703 亿元，15 个村社的农民平均年收入村社间的差异较小。2021 年的农民平均收入中 15 个村社的平均值基本处于 13 868 元左右。农业经济有了新进步，以水稻种植为基础，以 13 000 亩优质稻为特色主导，形成了富有特色的优质稻产业。同时，以 3 500 亩苗木、253.76 亩稻虾、478 亩蔬菜、278.18 亩茶叶、180 亩蕲艾、130.7 亩鲜果、100 亩金银花、90 亩西瓜、70 亩太空莲、48.3 亩油茶、34.5 亩丹参、1.6 万头生猪、290 头肉牛、1 100 只山羊、9 万余只鸡鸭鹅等多种种养类，形成了特色产业体系。景龙米业、湾湖蔬菜基地、架子山茶业基地不断发展壮大，农业产业化、产业规模化水平逐步提高，土地流转更加有序高效，农业经济发展活力和后劲明显增强。

结合美丽乡村建设，花西乡农村整体环境得到很大提升。花西乡立足本地"交通、景观、文化、旅游"四大特色，将花邹线打造成绿色长廊，使之成为传承花西文化、服务花西经济发展的绿色慢行之路。像蔡家古井、塔潭寺、界河渡槽等著名旅游景点都集中在这条路线上，建成后花邹线将是花西的入户形象大道，也是花西乡对外展示的重要窗口。花西乡具有地方特色的林产品以茶叶等为主。利民村、群力村、联盟村分别位于西北高山、中高丘陵地带，其茶叶等林业产品相对较多。其中，湖北架子山茶旅融合产业园，流转土地近 500 余亩，以"生产＋加工＋

销售＋旅游观光”经营模式，拉动周边经济发展。

二、花西乡农村消费情况

从消费需求看，花西乡农村居民的经济收入不断增长，消费支出总体也在增加。花西乡不仅是农业乡镇，也是劳务输出乡镇。青壮年农村居民到外地务工的比例较高，在武汉从事金属回收、蔬菜售买等产业，形成了一定的聚集效应，农民收入提升较快。花西乡集镇有超市、电器卖场、小卖部、日杂商店等各种不同形式的销售主体30余家，每个村也基本都有小型超市，生活用品大多就近消费。从商品质量上来看，整体质量较高，商超供应商品基本都是大品牌产品，吃、穿、用的生活需求都可以满足。遇到春节等大型节假日或婚丧嫁娶等重要事件，需要一些大件商品，一般会到孝感市、孝昌县城区采购相应物资。

目前，到农村的物流也逐渐方便，花西乡较大的集镇都有邮政物流等公司可以直接送货。近几年，由于网络商品的定价相对较低，可供选择的产品种类更多，网络购物消费的数量也直线上升。同时，农村居民中留守老人、妇女、儿童的比例相对较大，受制于物流等基础设施建设，以及网络使用方面的问题，线上消费还是存在较大障碍。

从生产消费来看，花西乡农村居民生产消费主要是与农业有关的化肥、种子等农资。目前，农资渠道的选择也比较多，供销社的农资部门还保留着部分功能，私营企业遍地开花，农业部门对种养大户也通过各种形式给予了农资补助。总体来看，得益于渠道的规范，以及市场惩治力度的加大，农资质量能够得到保障。其他与农业相关的生产资料，更多会以特供的形式得到保证，如大规模的生猪、鸡鸭养殖都得到了龙头企业的支持。

花西乡农村居民也自发成立或加入各类农民专业合作社，一方面有效提高了生产效率；另一方面也提升了管理效益。花西乡最大的合作社为景农农机专业合作社（以下简称“景农合作社”），是一家成立于2017年的国家级农业合作社示范社，主要从事水稻种植、加工、销售一体化服务。目前，景农合作社在花西乡三和村建有生产基地，生产的景龙山太子米、孝感香米畅销全国各地。花西朱氏豆棍已被孝昌列为非物质文化遗产、湖北孝感特色美食食谱、孝昌特色小吃之一。目前花西豆棍正在申报国家地理标志保护品牌，花西乡已经注册成立了多个豆棍产业工商户，下一步将成立花西豆棍行业协会。

花西乡紧跟时代潮流，开设视频号，将花西乡的各项工作动态制作成原创小视频发布，坚持用群众听得懂的话讲群众感兴趣的事。视频一经播出反响强烈，热度持续攀升，浏览量高、传播面广、互动性强，得到全国各地花西乡人民的一致称赞，花西乡抖音号也成为花西乡人民了解家乡、怀念家乡的一个重要窗口。同时，直播带货、网络销售等形式，也为花西乡产品走向市场提供了更为丰富的通路。花西乡特产稻米、豆棍作为孝感特产，也经常出现在市、县直播推广活动，以及产业扶贫馆渠道中。

三、激发农村消费潜力的对策建议

孝昌县花西乡是以农为主的乡镇，农民收入偏低，农村市场仍存在商品种类较少、商品质量不高等问题。为了激活农业乡镇和农村地区的消费，提升市场活力，针对花西乡农村消费市场现状，可以采取以下措施。

（1）优化农业结构，提高产品质量，提升农民收入。通过技术服务、资金扶持、多方合作等方式，优化农业结构，提高农产品的质量和附加值。同时，也要引进新技术，促进传统农业与现代农业的结合，提高豆棍、香米等产品的生产效率。

（2）培育品牌，推广特色农产品，增加产品附加值。针对花西乡的地理环境和气候等自然条件，选择适宜种植的农产品进行推广发展。同时，可以依据现有的特色农产品打造地标品牌，通过建立区域品牌形象展示馆等方式，加大宣传力度，提升品牌形象促进销售。加强培训、提供资金扶持、改善供电和交通等公共服务，帮助农村企业解决生产和销售的问题。

（3）壮大流通体系，提升营销能力，扩大市场占有率。以现有邮政、供销等农村电子商务渠道为基础，建立线上线下渠道，一方面提供线上电商平台，另一方面聚合线下的合作农户。根据不同的产品定位，采用品牌销售、直播电商、超市等不同的渠道策略。

（4）建立信用评价体系，维护企业声誉，繁荣农村市场。积极与市、县市场管理部门沟通，建立可靠的信用评价体系，让农村消费者更容易了解产品质量信息。并针对农村留守老人、妇女、儿童占比较高的情况，强化产品的售后服务，方便农民使用，降低农村消费者的购买风险。

花西乡被喻为"孝昌粮仓"，粮食种植面积很大。但我们在调研过程中，也了解到了一些令人担忧的撂荒情况。花西乡国土面积83.4平方千米，耕地面积7万余亩，其中水田面积61 420亩，旱地面积6 345亩。目前，共有撂荒地共有3 030亩，整体占比较大。该乡政府通过鼓励合作社（大户）连片种、动员机关干部下乡种、奖励农户自己种等形式，解决了部分撂荒的情况，但仍存在较大的涉及粮食安全的隐患。同时，也在一定程度上限制了农村居民收入的提高，不仅影响农村居民消费，还会影响农村社会的稳定。

第六章

激发湖北农村消费潜力的对策建议

2022 年 12 月，习近平总书记出席中央经济工作会议，强调要把恢复和扩大消费摆在优先位置，消费日益成为拉动经济增长的基础性力量。要增强消费能力，改善消费条件，创新消费场景，使消费潜力充分释放出来。农村消费市场是国家"双循环"整体战略布局中的重要一环，其对经济拉动的重要作用不容忽视。农村居民收入、消费环境的改善，会激发出更大的消费潜力。

近年来，虽然我国农村居民收入不断提升，消费潜力巨大，但受新冠疫情影响和经济下行压力，农村居民消费的意愿仍有所降低，进一步释放农村消费潜力成为摆在我们面前的重要现实问题。本书以湖北省农村情况调研为基础，就如何释放农村消费潜力，抢抓湖北"打造国内大循环的重要节点和国内国际双循环的战略链接"战略机遇，针对性地提出了激发湖北省农村消费潜力、升级农村居民消费结构的对策建议。

第一节 湖北省农村消费总体情况

一、总体情况

（1）湖北省农村居民人均消费支出相对较低。虽然湖北省农村居民的人均消费支出持续增长，但从支出数据上来看，与其他省份相比仍有差距。

2020 年，湖北省农村地区居民人均消费支出为 14 472.5 元，比全国平均水平 13 713.4 元稍高。比同期沿海省份广东省、浙江省分别低了 3 000 元和接近 7 000 元。在中部六省中，也由 2019 年的居首下降为第三位（河南12 201.1 元；山西 10 290.1 元；安徽 15 023.5 元；江西 13 579.4 元；湖南 14 974.0 元）。

（2）湖北省农村居民消费水平提升速度略高于城镇居民。随着湖北省城镇化率的提升，城乡消费的差距在逐步缩小，农村居民消费水平提升速度略高于城市。"十三五"期间，孝感市、荆州市农村居民消费支出年均增速快于城镇 1.2 个百分点和接近 1 个百分点。

（3）湖北省农村居民发展型、享受型消费支出比例稳步提升。我省农村地区居民的教育娱乐、健康等享受型、发展型消费支出在稳步增长。湖北省各地农村居民恩格尔系数均在逐年降低，孝感市农村居民恩格尔系数从 2015 年的 40.93% 下降至 2020 年的 39.74%；鄂州市农村居民恩格尔系数从 2015 年的 43.92% 下降到 2020 年的 39.75%。

（4）湖北省农村消费场景在不断优化。随着我省光纤进村等新基建项目的稳步推进，农村电商发展迅猛，农村出现"在线购物""社区团购"等新兴消费模式，各种农村电商平台深入农户手机移动端，物流配套产业更加完备，消费环境进一步改善。"四市七县（区）"邮政公司快递业务统计也显示，湖北省农村地区下行快递包裹数量高于上行快递包裹数量，线上购物规模不断扩大。

二、当前的突出问题

（1）农村居民收入偏低。2022 年，湖北省农村人均可支配收入为1.9 万元，仅为浙江省农村人均可支配收入的 50% 左右，仍低于全国农村居民人均可支配收入 20 133 元的水平。总体来说，相对于农村居民的消费支出增长预期，湖北省农村居民的收入增长幅度还显得偏低。

（2）我省农村居民的人均消费支出与其他省份相比仍有差距。与同期沿海省份广东省、浙江省相比分别低了 3 000 元和接近 7 000 元。在中部六省中，也由 2019 年的居首下降为第三位。

（3）居民消费价格上涨相对较快。2022 年，湖北省居民消费价格（CPI）比上年上涨 2.1%。其中，城市上涨 2.1%，农村上涨 1.9%。从总体数据上来看，消费价格上涨并不显著。但从实际调研来看，农村居民大多都反映，受物流、生产等方面的影响，农村日常生活用品的价格增长较快。

（4）农村市场乱象没有得到根本治理。农村市场的假冒伪劣商品仍然屡见不鲜，特别是打着知名品牌"擦边球"的仿冒产品仍有较大市场。一些不法分子甚至通过非法手段获取村民信息，利用村民对互联网、电商知识欠缺的短板进行消费方面的电信诈骗，部分农村居民损失惨重。

三、主要制约因素

在调查过程中，我们也发现一些制约农村居民消费水平提升的共性问题。

（1）农村居民收入偏低。2021 年，湖北省农村人均可支配收入为1.8 万元，仅为浙江省农村人均可支配收入的 50% 左右。虽然湖北省农村居民年人均纯收入从 2009 年的不足万元，增加到 2019 年接近 2 万元。但总体来说，收入增长幅度相对于农村居民的消费支出增长预期来讲，还显得偏低和不足。

（2）农村居民社会保障水平较低。受限于农村居民的收入水平不高、城乡社会保障水平差异，以及地方财政针对农村的转移支付能力不足等，农村居民风险意识更强，消费热情不高。

（3）农村居民人口群体老龄化严重。在实地调研过程中，被访者年龄在 50 岁以上的农村居民占到 43%，留守农村的绝大部分为老年人，消费观念相对较为保守滞后，难以适应当前新的消费模式。

（4）农村居民文化程度普遍较低。少数农村居民对互联网、电子商务知识欠缺，隐私信息安全意识淡薄，电信诈骗通过不同形式包装，仍导致部分农村居民损失惨重。同时，农村居民用于婚丧嫁娶等人情往来的非生活性消费支出增长较快，攀比、铺张浪费的情况突出。

（5）农村消费市场缺乏有效管理。农村消费环境较差，农村居民消费求廉的思想普遍，农村市场又缺乏充分的质量监管力量，农村居民的质量维权意识也相对较差，导致农村消费商品质量良莠不齐。

第二节 对策建议

（一）提高农村居民收入和社会保障水平

激发消费，收入先行。坚持把农业产业升级作为农民增收的第一支撑，夯实激发消费的基础。充分发挥区域优势和自然资源优势，建设特色农业产业园、绿色产业带，创建区域特色农产品品牌，做强做大优势特色产业，打造特色全产业链条，把产业链主体留在县城和乡镇，让农民更多分享产业增值收益。大力发展循环农业，切实提高资源利用率，努力修复和保护生态环境，实现农业的可持续发展。加强农产品商贸流通基础设施建设，打造现代化农产品流通体系链条，推动农商互联农产品供应链建设，积极构建商贸大物流体系，推广标准化托盘，发展智慧物流，让农产品能够走得出去、走得更远。积极开发种植业绿色高质发展文化元素，大力发展休闲观光农业，依托农村绿水青山、田园风光、乡土文化等资源，大力发展休闲度假、旅游观光、养生养老、创意农业、农耕体验、乡村手工艺等，繁荣农村新兴产业，拓展农民增收空间。

建立城乡公共资源均衡配置机制，强化农村基本公共服务供给县乡村统筹，逐步实现省域内基本公共服务均等化、标准化。加快建设乡镇村公益普惠学前教育机构，构建乡镇村布局合理的学前教育公共服务体系。落实教育投入"两个只增不减"① 政策，巩固落实农村的义务教育经费保障机制。优化中小学布局，完善县域内义务教育学校校长、教师交流轮岗制度，支持建设城乡学校共同体，使农村乡镇的适龄儿童能够就近入学，并享有优质的教育服务。提档升级村卫生室水平，提升乡镇卫

---

① "两个只增不减"指确保一般公共预算教育支出逐年只增不减，确保按在校学生人数平均的一般公共预算教育支出逐年只增不减。

生院医疗服务能力，推动乡村医生向执业（助理）医师转变，让农村居民就近能够看得好病、看得起病。加强对农村留守儿童和妇女、老年人以及困难儿童的关爱服务。健全农民工就业服务体系，深入实施新生代农民工职业技能提升计划。深入实施农村危房改造补助政策，建立农村住房安全动态监测机制，实现人人"住有所居"。

（二）引导理念更新

全面建成小康社会，农村发生了深刻变化。一是打赢脱贫攻坚战，农民整体收入水平提高。二是随着城镇化进程加快，农村居民在城乡之间流动，生活习惯发生了改变。此外，网络购物在农村也越来越普遍。因此，农村消费也面临着理念更新。一是居民消费从注重"量"的满足向追求"质"的提升转变；二是不同农村居民群体消费需求呈现多样化，中低收入群体主要以改善型消费需求为主，中高收入群体对教育、休闲娱乐、奢侈品以及旅游等方面的享受型消费需求较大。引导农村居民梳理新消费理念，要加快建设农村新消费市场，牢固树立质量意识，彻底摒除农村消费市场中的假冒伪劣产品，杜绝山寨产品，向农村市场输送质量过硬的品牌产品。依据地域特色和文化习惯，生产和供给符合农村消费市场需求及审美的接地气的产品，尤其是衣、食等领域的消费品。要注重售后服务，补齐农村售后服务网点缺失的短板，引导企业强化农村售后服务，设立售后服务网点，增加上门服务项目。要积极开发享受型消费市场，不断提高消费的便利性，激发农村高收入群体消费潜力。建设立足乡村、贴近农民的生活消费服务综合体，发展农村生活性服务业，引导城市居民下乡消费，拉动农村消费。

（三）加快供给侧结构性改革

深化农业供给侧结构性改革，调整优化农业种养结构和产业结构，大力发展"大数据＋现代农业""互联网＋现代农业""旅游＋现代农业"，促进农村一二三产业深度融合。发展农业产业化经营，提升产业链供应链现代化水平，完善与农户的利益联结机制。坚持用市场化理念和工业化办法，促进农业产品绿色化、标准化、品牌化、规模化，提高农业产业化经营水平。发展特色农产品产地初加工和精深加工，推动农村由卖原字号向制成品转变，提高综合利用水平。开展农产品全产业链标准化试点，打造粮油、蔬菜、畜禽、水产、茶叶、林果、中药材、食用菌等全产业链。持续推进化肥农药减量增效，推广农作物病虫害绿色防控产品和技术。加强畜禽粪污资源化利用和农作物秸秆、农膜、农药包装物回收利用。推进农业产地环境治理和农产品质量安全，发展绿色农产品、有机农产品和地理标志农产品。试行食用农产品合格证制度，创建农产品质量安全县。

坚持因地制宜、一地一策，打造"一县一品""一乡一业""一业一品"。推进"农业＋"业态融合，大力发展乡村旅游、休闲农业、文化体验、健康养生、电子商务、民宿经济等新产业新业态。推进"互联网＋"农产品出村进城示范，提升"中国荆楚味·湖北农产品"影响力。加快建设县域返乡入乡创业园和孵化实训基地，提高农村创业创新水平。实施农业产业化龙头企业"十百千万"工程，支持重点龙头企业创新发展、做大做强，培养高素质企业家队伍。

端稳湖北饭碗，加快乡村振兴，夯实农民收入基础。补齐小微水利短板，进一步加大农村水利特别是小微水利建设，逐村逐冲逐畈排查解决，强化局地农业生产条件保障，确保应耕、可耕、在耕土地面积持续增加。完善农机服务网络，鼓励种粮大户、新型农业经营主体、农机合作社等社会组织，联合建立全域覆盖、县乡村三级联动农机服务综合网络，提升农业生产效率。加强农业技术体系，鼓励和引导病虫害防治社会化服务发展，推进绿色防控和统防统治融合，深化农技推广体系改革，实现农户节本增效。推广新型农业模式，推广托管农业①，积极发展股田农业②。实现农业规模化、集约化、专业化经营，实现农业生产减本增效，也更好解决土地撂荒问题。

---

① 托管农业，是指农户将自己的承包地从耕作、下种、田间管理、病虫害防治直到最终收割入库全部过程，或其中部分生产环节委托给农业合作社及其他社会服务组织的经营模式。
② 股田农业是指在不改变农村耕地集体所有权、农民承包权和土地使用性质的前提下，由农民按照自愿原则，将耕地作为股权，入股到村里农业合作经济组织、农业公司，农民凭借土地股权分得红利的经营方式。

（四）补齐农村市场体系短板

加快构建农产品市场流通体系。加强交通运输、商贸流通、农业、供销、邮政等部门和单位及电商、快递企业对相关农村物流服务网络和设施的共享衔接，加快完善县乡村农村物流体系，鼓励多站合一、服务同网。鼓励传统农村商贸企业建设乡镇商贸中心和配送中心，发挥好邮政普遍服务的优势，发展第三方配送和共同配送，持续实施"快递进村"工程，畅通乡村物流"最后一公里"。打造现代化农产品流通链条，深入开展"农超对接"工程，支持大型连锁超市与鲜活农产品生产基地建立稳定长期的产销关系，推进鲜活农产品产地直采直销，实现农户增产的同时增收。加快布局"仓配一体"，统筹推进县乡村三级物流体系建设，打通工业品下乡、农产品进城双向通道。

做大做优农村电商平台。大力培养农村电商人才，对农民、合作社和基层政府人员等进行技能培训，增强农民使用智能手机的能力。建立专业的电子商务人才培训基地和师资队伍，培养一批既懂理论又会经营网店、能带头致富的复合型人才。引导具有实践经验的电子商务从业者从城镇返乡创业，鼓励电子商务企业到农村发展。加快农村信息基础设施建设和宽带普及。促进宽带网络提速降费，结合农村电子商务发展，持续提高农村宽带普及率。鼓励供销合作社创建农产品电子商务交易平台。引导各类媒体加大对农村电子商务的宣传力度，发掘典型案例，推广成功经验。

创新现代农业经营体系。支持市场主体建设区域性农业全产业链综合服务中心。大力发展农业专业化、社会化服务组织，将先进适用的品种、投入品、技术、装备导入小农户。深化综合改革，推进供销合作社培育壮大工程，健全服务农民生产生活综合平台。加大农村实用人才培养力度，培育高素质农民。

（五）完善农村消费金融服务

坚持科技引领，积极开展农村信用体系建设，整合内外数据资源，构建农业农村大数据平台，为农户精准画像、主动授信，提供综合服务，拓展农村普惠金融服务覆盖面。加快推广手机银行，加强县域移动支付场景建设，将金融服务与农户生活消费、生产经营、农村政务等场景深度融合，构建线上线下有机融合的服务模式，提升金融服务水平和质量。

在"硬件"方面，拓展线下和线上消费金融服务网络，包括乡镇上的手机专营店、农村地区的家电专营合作社等具有线下网点分布与服务优势的门店以及线上的 App 移动平台，在金融服务网络、场景开发和建设以及产品和服务设计上下功夫，为农村居民提供方便快捷的消费金融服务。在"软件"方面，通过规律性的金融机构下乡活动，加强关于个人信息保护、理性消费、防范电信诈骗等金融知识普及，提高当地居民的基础金融素质和基层金融从业者的服务水平，提高现代金融服务在农村地区的可获得性。

（六）加强农村消费市场监管和消费者权益保护

强化乡村市场环境治理，对农贸市场和集市进行整顿，构建公平有序市场环境。清理乡村长期未经营市场主体，查处取缔乡村无照经营行为。开展保健品专项整治行动，严厉打击保健食品市场欺诈营销和虚假宣传违法行为。开展打击传销、电信诈骗专项执法，坚决铲除乡村地区传销、电信诈骗的毒瘤。强化乡村食品安全源头监管，深入实施农村食品、商品质量安全整治，为农村地区群众食品安全提供强有力的保障。评创农村放心消费示范商店和放心消费示范村等，打造乡村放心消费环境。

深入推进 12315 下乡工作，建立健全偏远农村地区消费投诉维权站点。利用各街镇"消费维权站"延伸消费维权触角，及时依法解决农村消费纠纷。完善农村地区消费纠纷多元化解机制，鼓励农村地区消费维权案件以诉调对接、人民调解等方式解决消费纠纷。加强对涉农消费咨询、申诉、举报信息的汇总分析，建立消费网点红黑名单制度，提升乡村消费环境安全度、经营者诚信度，维护消费者合法权益。

（七）出台推动农村消费结构升级的激励引导政策

创新财税政策。在限额范围内，地方政府债券资金优先保障乡村振兴、疫后重振补短板强功能工程等相关项目的合理融资需求。发挥财政资金引导作用，创新财政资金使用方式，推广政府和社会资本合作（PPP）模式，运用股权融资、产业基金等市场化融资方式，支持农村产业体系、基础设施、环境保护等工程项目。推进政府购买服务，鼓励县乡镇购买体育、文化、健康等服务，扩大市场需求。

创新消费金融政策。鼓励和支持金融机构加强面向小农户、新型农业经营主体、县域民营小微企业等的普惠金融服务。鼓励金融机构下乡，积极稳妥地扩大生产性和消费性信贷，加强县乡镇的支付结算基础设施建设（赵建凤，2019）。

完善土地政策。推进农村集体经营性资产股份合作制改革，落实农村土地"三权分置"改革，让资源变资产、资金变股金、农民变股民。稳慎推进农村宅基地制度改革试点，探索宅基地所有权、资格权、使用权分置有效实现形式。

（八）加强农村人居环境治理

健全农业农村财政投入优先保障机制，确保农村基础设施财政投入满足人民群众需要，促进乡村面貌显著改善。发挥财政投入引领作用，支持以市场化方式设立乡村振兴基金，撬动金融资本、社会力量参与，重点支持乡村产业发展。分类有序推进农村厕所革命，引导农村新建住房配套建设卫生厕所，到2025年基本普及卫生厕所。统筹农村改厕和污水、黑臭水体治理，力求做到农村污水能处则处、应处尽处。健全农村生活垃圾收运处置体系，建设一批有机废弃物综合处置利用设施。实施村庄清洁和绿化行动，开展美丽宜居村庄和美丽庭院示范创建活动。

构建自治、法治、德治相结合的基层治理体系和服务体系，巩固城乡网格化建设成果，提高城乡社区自治和服务功能，形成社会治理和服务的合力。创新发展基层民主，加强村级民主协商、村务监督和公开制度，激发村民自治活力。落实"一村一警（辅警）、一村一法律顾问"，加强乡村法律援助，建设法治乡村。加强农村治安覆盖，完善农村"天网"工程，建立农村"一键通"应急报警定位系统，人防技防相结合，及时出警、迅速破案，震慑违法犯罪分子；大力打击农村聚赌行为，特别是有组织赌博行为，重点打击地下博彩庄家；坚决堵住毒品入村势头，净化农村风气。深入开展扫黑除恶专项斗争，彻底清除村霸、路霸等"害群之马"，警惕农村"宗教热"，推进平安乡村建设。

加强农村思想道德建设，弘扬和践行社会主义核心价值观。拓展新时代文明实践中心（所、站）建设，深化群众性精神文明创建活动。深化文明村镇创建。持续推进农村移风易俗，反对封建迷信活动。常态化开展惠民问题活动，建设文明乡村。

附件1：调研问卷（主要核心题项的详细统计结果）

第一部分 基础信息

第1~3题为被调研者性别及地址等统计信息，前文已介绍（本部分略）。

第4题 被调研者年龄段（见表A1-1、图A1-1）。

表 A1-1　　　　　　　　　　　　被调研者年龄段

选项	小计（人）	比例（%）
31 岁以下	40	7.83
31~40 岁	99	19.37
41~50 岁	154	30.14
51~60 岁	149	29.16
60 岁以上	69	13.5
本题有效填写人次	511	

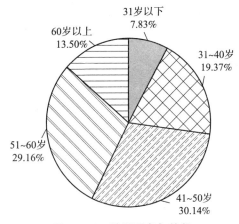

图 A1-1　被调研者年龄段

第5题 被调研者学历（见图表 A1－2、图 A1－2）。

表 A1－2 　　　　　　　　　被调研者学历

选项	小计（人）	比例（%）
小学及以下	50	9.78
初中	253	49.51
高中/中专/技校/职高	139	27.2
大专	50	9.78
大学本科及以上	19	3.72
本题有效填写人次	511	

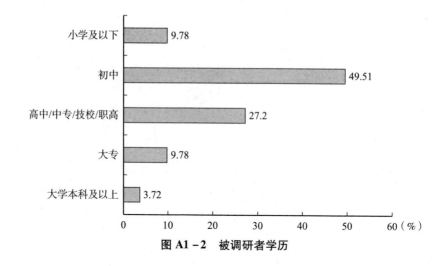

图 A1－2　被调研者学历

第二部分　被调研者家庭基本收入及消费支出现状

第6题为填空题，前文已分析（此处略）。

第7题　每月伙食费（元/月）（包括在家吃饭和外出就餐，平均每月您家的伙食费及购买自家消费的零食、饮料、烟酒等，见表 A1－3）一共是多少钱？

表 A1 – 3 每月伙食费

选项	小计（元）	比例（%）	
0 ~ 1 000 元（不含 1 000 元）	160		31.31
1 000 ~ 2 000 元（不含 2 000 元）	184		36.01
2 000 ~ 3 000 元（不含 3 000 元）	98		19.18
3 000 ~ 4 000 元（不含 4 000 元）	19		3.72
4 000 元及以上	50		9.78
本题有效填写人次	511		

第 8 题 每月水费、电费及燃气费（元/月）一共是多少（见表 A1 – 4、图 A1 – 3）？

表 A1 – 4 每月水费、电费及燃气费

选项	小计（元）	比例（%）	
0 ~ 100 元（不含）	81		15.85
100 ~ 200 元（不含）	243		47.55
200 ~ 300 元（不含）	97		18.98
300 ~ 400 元（不含）	27		5.28
400 元及以上	63		12.33
本题有效填写人次	511		

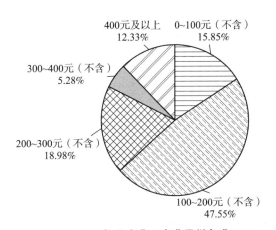

图 A1 – 3 每月水费、电费及燃气费

第 9 题　每月日用品费（元/月）：平均每月，您家购买日用品，如洗衣粉、香皂、肥皂、牙膏、牙刷等一共花费多少（见表 A1 -5、图 A1 -4）？

表 A1 -5　　　　　　　　　　每月日用品费

选项	小计（人）	比例（%）
0 ~ 50 元（不含）	60	11.74
50 ~ 80 元（不含）	139	27.2
80 ~ 100 元（不含）	138	27.01
100 ~ 200 元（不含）	100	19.57
200 元及以上	74	14.48
本题有效填写人次	511	

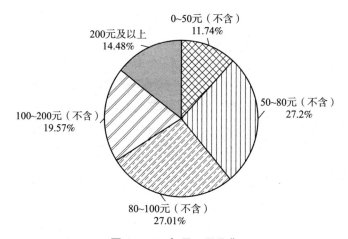

图 A1 -4　每月日用品费

第 10 题　衣着消费（元/年）：过去 12 个月，您家衣着鞋帽等穿戴的支出大概是多少（见表 A1 -6）？

表 A1 -6　　　　　　　　　　衣着消费

选项	小计（人）	比例（%）
0 ~ 200 元（不含）	26	5.09
200 ~ 500 元（不含）	89	17.42

续表

选项	小计（人）	比例（%）
500~800 元（不含）	61	▓▓▓▓ 11.94
800~1 000 元（不含）	58	▓▓▓▓ 11.35
1 000 元及以上	277	▓▓▓▓▓▓▓ 54.21
本题有效填写人次	511	

第 11 题　每月邮电通信费（元/月）：平均每月您家邮寄、通信支出，包括电话、手机、上网、邮寄等，大概花费多少（见表 A1-7、图 A1-5）？

表 A1-7　　　　　每月邮电通信费

选项	小计（人）	比例（%）
0~100 元（不含）	69	▓▓▓ 13.5
100~200 元（不含）	225	▓▓▓▓▓▓ 44.03
200~300 元（不含）	110	▓▓▓ 21.53
300~400 元（不含）	28	▓ 5.48
400 元及以上	79	▓▓ 15.46
本题有效填写人次	511	

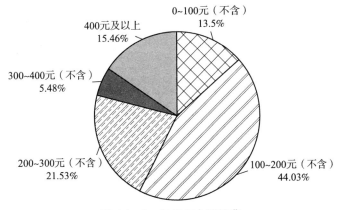

图 A1-5　每月邮电通信费

第12题　亲戚、族人及朋友间人情往来花费，估算是（　　）元/年（见表 A1 – 8）？

表 A1 – 8　　　亲戚、族人及朋友间人情往来花费

选项	小计（人）	比例（%）
0 ~ 1 000 元（不含）	56	10.96
1 000 ~ 2 000 元（不含）	75	14.68
2 000 ~ 3 000 元（不含）	99	19.37
3 000 ~ 4 000 元（不含）	59	11.55
4 000 元及以上	222	43.44
本题有效填写人次	511	

第13题　家具耐用品支出（元/年）：除了交通及通信设备，过去 12 个月，您家购买或维修家具、电器及其他耐用消费品，如汽车、计算机、家电、首饰等，一共花费多少（见表 A1 – 9）？

表 A1 – 9　　　　　　　　家具耐用品支出

选项	小计（人）	比例（%）
0 ~ 3 000 元（不含）	242	47.36
3 000 ~ 8 000 元（不含）	154	30.14
8 000 ~ 15 000 元（不含）	47	9.2
15 000 ~ 30 000 元（不含）	29	5.68
30 000 元及以上	39	7.63
本题有效填写人次	511	

第14题　教育培训支出（元/年）：过去 12 个月，您家为自己和子女的教育及培训支出总共是多少（见表 A1 – 10、图 A1 – 6）？

表 A1 - 10　　　　　　　　　　　教育培训支出

选项	小计（人）	比例（%）
0 ~ 3 000 元（不含）	239	46.77
3 000 ~ 5 000 元（不含）	95	18.59
5 000 ~ 7 000 元（不含）	66	12.92
7 000 ~ 9 000 元（不含）	25	4.89
9 000 元及以上	86	16.83
本题有效填写人次	511	

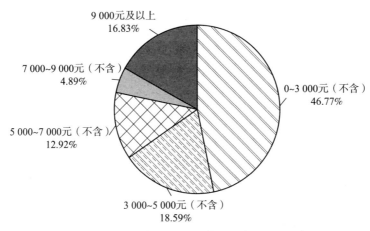

图 A1 - 6　教育培训支出

第 15 题　文化娱乐支出（元/年）：过去 12 个月，包括购买书报期刊、看电影看戏、棋牌等的支出是多少（见表 A1 - 11、图 A1 - 7）？

表 A1 - 11　　　　　　　　　　　文化娱乐支出

选项	小计（人）	比例（%）
0 ~ 1 000 元（不含）	322	63.01
1 000 ~ 2 000 元（不含）	122	23.87
2 000 ~ 3 000 元（不含）	33	6.46
3 000 ~ 4 000 元（不含）	11	2.15

续表

选项	小计（人）	比例（%）
4 000 元及以上	23	4.5
本题有效填写人次	511	

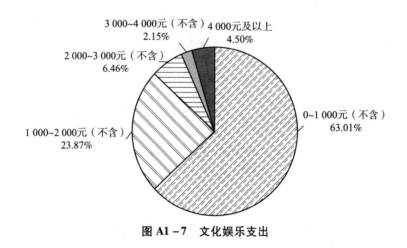

图 A1-7 文化娱乐支出

第 16 题 旅游支出（元/年）：包括旅游的交通费、食宿费、景点门票等，过去 12 个月，您家的旅游支出是多少（见表 A1-12、图 A1-8）？

表 A1-12   旅游支出

选项	小计（人）	比例（%）
0～500 元（不含）	244	47.75
500～1 000 元（不含）	111	21.72
1 000～1 500 元（不含）	52	10.18
1 500～2 000 元（不含）	24	4.7
2 000 元及以上	80	15.66
本题有效填写人次	511	

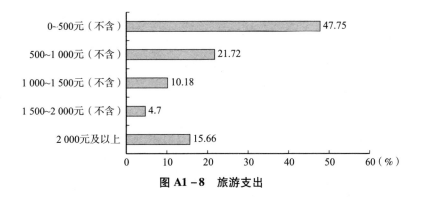

图 A1-8　旅游支出

第 17 题　过去 12 个月，您家用于购买商业性保险（如商业医疗保险、汽车险、房屋财产保险、商业人寿保险等）的支出是多少（见表 A1-13、图 A1-9)？

表 A1-13　　　　　　　　　　商业保险支出

选项	小计（人）	比例（%）
0～1 000 元（不含）	185	36.2
1 000～3 000 元（不含）	138	27.01
3 000～5 000 元（不含）	73	14.29
5 000～7 000 元（不含）	48	9.39
7 000 元及以上	67	13.11
本题有效填写人次	511	

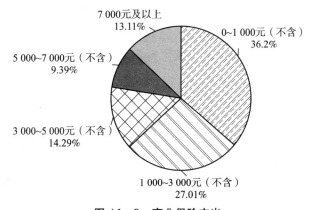

图 A1-9　商业保险支出

第 18 题　医疗保健支出（元/年）（不包括已经报销的和预计可以报销的费用，但包括亲友借给或支付部分），请问：过去 12 个月，您家直接支付的医疗保健费用是多少（见表 A1 –14）？

表 A1 –14　　　　　　医疗保健支出

选项	小计（人）	比例（%）
0 ~ 500 元（不含）	128	25.05
500 ~ 1 500 元（不含）	151	29.55
1 500 ~ 3 000 元（不含）	104	20.35
3 000 ~ 5 000 元（不含）	66	12.92
5 000 元及以上	62	12.13
本题有效填写人次	511	

第三部分　被调研者对于本人及家庭上述消费支出不足的主要影响因素评价

第 19 题　您及家人消费支出不足的主观原因是消费意愿不强吗（见表 A1 –15、图 A1 –10）？

表 A1 –15　　　　对消费支出不足的主观原因是消费意愿不强的认同程度

选项	小计（人）	比例（%）
完全不认同	147	28.77
不认同	120	23.48
一般	149	29.16
认同	47	9.2
非常认同	48	9.39
本题有效填写人次	511	

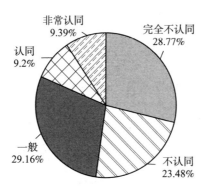

图 A1 – 10 对消费支出不足的主观原因是消费意愿不强的认同程度

第 20 题 您及家人消费支出不足的原因是市场供应商品（品质等因素）达不到个人期望吗（见表 A1 – 16、图 A1 – 11）？

表 A1 – 16 对消费支出不足原因的认同程度

选项	小计（人）	比例（%）
完全不同意	108	21.14
不同意	116	22.7
一般	126	24.66
同意	105	20.55
完全同意	56	10.96
本题有效填写人次	511	

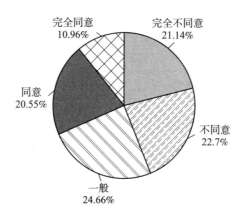

图 A1 – 11 对消费支出不足原因的认同程度

第 21 题　您及家人所在乡村地区消费支出不足的一个原因是乡村人口群体偏于老龄化导致消费欲望不强（见表 A1 – 17）。

表 A1 – 17　　　　　对乡村地区消费支出不足原因的认同程度

选项	小计（人）	比例（%）
完全不同意	81	15.85
不同意	86	16.83
一般	113	22.11
同意	121	23.68
完全同意	110	21.53
本题有效填写人次	511	

第 22 题　您及家人消费支出动力不足的一个重要原因是收入相对偏低（见表 A1 – 18）。

表 A1 – 18　　　　　对消费支出动力不足原因的认同程度

选项	小计（人）	比例（%）
完全不同意	35	6.85
不同意	56	10.96
一般	88	17.22
同意	102	19.96
完全同意	230	45.01
本题有效填写人次	511	

第 23 题　您及家人消费支出动力不足的一个客观原因是社会保障水平不高（见表 A1 – 19）。

表 A1 – 19　　　　　对消费支出动力不足客观原因的认同程度

选项	小计（人）	比例（%）
完全不同意	52	10.18
不同意	68	13.31

续表

选项	小计（人）	比例（%）	
一般	133		26. 03
同意	110		21. 53
完全同意	148		28. 96
本题有效填写人次	511		

第 24 题　您对本地消费环境的评价（评分从低到高 1 ~ 5 分，圈选分数越高，表明您对该项环境要素的评价越高）（见表 A1 - 20）。

表 A1 - 20　　　　　对本地消费环境的评价情况

题目＼选项	1	2	3	4	5	平均分（分）
本地农村市场及信息披露及时度	68（13.31%）	122（23.87%）	186（36.4%）	97（18.98%）	38（7.44%）	2.83
本地农村电商物流基础设施建设	48（9.39%）	139（27.2%）	180（35.23%）	107（20.94%）	37（7.24%）	2.89
本地农村消费金融服务（消费信贷等）质量	60（11.74%）	108（21.14%）	168（32.88%）	129（25.24%）	46（9%）	2.99
本地农村在线新型消费习惯及消费模式	47（9.2%）	104（20.35%）	177（34.64%）	135（26.42%）	48（9.39%）	3.06
本地农村消费者权益保障力度	76（14.87%）	80（15.66%）	153（29.94%）	127（24.85%）	75（14.68%）	3.09
小计	299（11.7%）	553（21.64%）	864（33.82%）	595（23.29%）	244（9.55%）	2.97

附件 2：调查问卷

湖北省农村消费潜力的调查问卷

尊敬的女士/先生：

　　您好，此次调查旨在研究农村消费现状、特点、消费结构及变化趋势，分析制约农村消费的因素，探讨激发湖北省农村消费潜力并升级农村消费结构的策略，以此助推湖北省乡村振兴战略实施。本问卷调查回收信息与数据不用于商业目的，仅供学术研究，最终调研信息与数据备索可查。恳请您抽出宝贵时间填写完整，谢谢！

　　此致

　　敬礼！

湖北省农村消费潜力研究课题组

第一部分　被调研者基本信息

（1）被调研者所在市（县）、乡（镇）、村名称：

_____

（2）被调研者家庭成员数量：

_____

（3）被调研者性别：

○男　　　　○女

（4）被调研者年龄段：

○31 岁以下　　○31～40 岁　　○41～50 岁　　○51～60 岁
○60 岁以上

（5）被调研者学历：

○小学及以下　　　　○初中　　　　　　○高中/中专/技校/职高

○大专　　　　　　　○大学本科及以上

第二部分　被调研者家庭基本收入及消费支出现状

（6）您家2019年家庭可支配收入（估算）为：_____万元；主要收入来源是：_____；

2020年家庭可支配收入（估算）为：_____万元；主要收入来源是：_____。

（7）每月伙食费（元/月）（包括在家吃饭和外出就餐，平均每月您家的伙食费及购买自家消费的零食、饮料、烟酒等）一共是多少？

○0~1 000元（不含1 000元）

○1 000~2 000元（不含2 000元）

○2 000~3 000元（不含3 000元）

○3 000~4 000元（不含4 000元）

○4 000元及以上

（8）每月水费、电费及燃气费（元/月）一共是多少？

○0~100元（不含）　　　　　　○100~200元（不含）

○200~300元（不含）　　　　　○300~400元（不含）

○400元及以上

（9）每月日用品费（元/月）：平均每月，您家购买日用品，如洗衣粉、香皂、肥皂、牙膏、牙刷等一共花费多少？

○0~50元（不含）　　　　　　　○50~80元（不含）

○80~100元（不含）　　　　　　○100~200元（不含）

○200元及以上

（10）衣着消费（元/年）：过去12个月，您家衣着鞋帽等穿戴的支出大概是多少？

○0~200元（不含）　　　　　　　○200~500元（不含）

○500~800元（不含）　　　　　　○800~1 000元（不含）

○1 000元及以上

（11）每月邮电通信费（元/月）：平均每月您家邮寄、通信支出，包括电话、手机、上网、邮寄等，大概花费多少？

○0～100元（不含）　　　　　　○100～200元（不含）

○200～300元（不含）　　　　　○300～400元（不含）

○400元及以上

（12）亲戚、族人及朋友间人情往来花费，估算是（　　　）元/年？

○0～1 000元（不含）　　　　　○1 000～2 000元（不含）

○2 000～3 000元（不含）　　　○3 000～4 000元（不含）

○4 000元及以上

（13）家具耐用品支出（元/年）：除了交通及通信设备，过去12个月，您家购买或维修家具、电器及其他耐用消费品，如汽车、计算机、家电、首饰等，一共花费多少？

○0～3 000元（不含）　　　　　○3 000～8 000元（不含）

○8 000～15 000元（不含）　　　○15 000～30 000元（不含）

○30 000元及以上

（14）教育培训支出（元/年）：过去12个月，您家为自己和子女的教育及培训支出总共是多少？

○0～3 000元（不含）　　　　　○3 000～5 000元（不含）

○5 000～7 000元（不含）　　　○7 000～9 000元（不含）

○9 000元及以上

（15）文化娱乐支出（元/年）：过去12个月，包括购买书报期刊，看电影看戏，棋牌等的支出是多少钱？

○0～1 000元（不含）　　　　　○1 000～2 000元（不含）

○2 000～3 000元（不含）　　　○3 000～4 000元（不含）

○4 000元及以上

（16）旅游支出（元/年）：包括旅游的交通费、食宿费、景点门票等，过去12个月，您家的旅游支出是多少？

○0～500元（不含）　　　　　　○500～1 000元（不含）

○1 000～1 500元（不含）　　　○1 500～2 000元（不含）

○2 000元及以上

（17）过去 12 个月，您家用于购买商业性保险（如商业医疗保险、汽车险、房屋财产保险、商业人寿保险等）的支出是多少？

○0 ~ 1 000 元（不含）　　　○1 000 ~ 3 000 元（不含）

○3 000 ~ 5 000 元（不含）　　○5 000 ~ 7 000 元（不含）

○7 000 元及以上

（18）医疗保健支出（元/年）（不包括已经报销的和预计可以报销的费用，但包括亲友借给或支付部分），请问：过去 12 个月，您家直接支付的医疗费用是多少？

○0 ~ 500 元（不含）　　　○500 ~ 1 500 元（不含）

○1 500 ~ 3 000 元（不含）　　○3 000 ~ 5 000 元（不含）

○5 000 元及以上

第三部分　被调研者对于本人及家庭上述消费支出不足的主要影响因素评价

（19）您及家人消费支出不足的主观原因是消费意愿不强。

○完全不认同　　○不认同　　○一般　　○认同　　○非常认同

（20）您及家人消费支出不足的原因是市场供应商品（品质等因素）达不到个人期望。

○完全不认同　　○不认同　　○一般　　○认同　　○非常认同

（21）您及家人所在乡村地区消费支出不足的一个原因是乡村人口群体偏于老龄化导致消费欲望不强。

○完全不认同　　○不认同　　○一般　　○认同　　○非常认同

（22）您及家人消费支出动力不足一个重要原因是收入相对偏低。

○完全不认同　　○不认同　　○一般　　○认同　　○非常认同

（23）您及家人消费支出动力不足的一个客观原因是社会保障水平不高。

○完全不认同　　○不认同　　○一般　　○认同　　○非常认同

（24）您对本地消费环境的评价（评分从低到高 1 ~ 5 分，圈选分数越高，表明您对该项环境要素的评价越高）。

	1	2	3	4	5
本地农村市场及信息披露及时度	○	○	○	○	○
本地农村电商物流基础设施建设	○	○	○	○	○
本地农村消费金融服务（消费信贷等）质量	○	○	○	○	○
本地农村在线新型消费习惯及消费模式	○	○	○	○	○
本地农村消费者权益保障力度	○	○	○	○	○

第四部分　被调研者的具体建议

（25）您认为通过什么手段或措施可以提升本村居民的消费意愿（利于自身农业技能学习、健康改善以及休闲娱乐等积极方面的消费意愿），并采取实际的消费行动？

_____

_____

感谢您的配合！

附件 3：访谈提纲

调研课题座（访）谈提纲

一、课题名称：农村消费潜力问题研究

二、座（访）谈内容

（1）农村人口现状及变化趋势、农民人均纯收入及变化趋势、农村社会保障水平。

（2）农村消费现状、特点、消费结构及变化趋势。

（3）农村消费意愿、消费能力、消费环境、消费权益保障等情况。

（4）农村消费市场现状、容量、特点及短板。

（5）农村消费新业态、新模式及农村消费金融服务情况。

（6）制约农村消费的因素有哪些？

（7）可以从哪些方面激发湖北省农村消费潜力？

参 考 文 献

［1］安陆市人民政府. 孛畈镇简介［EB/OL］. http：//www. anlu. gov. cn/bfz900848029/index. jhtml，2022.

［2］白重恩、李宏彬、吴斌珍. 医疗保险与消费：来自新型农村合作医疗的证据［J］. 经济研究，2012，47（2）：41-53.

［3］孛畈镇人民政府. 2022年孛畈镇收支预算表［EB/OL］. http：// gkml. xiaogan. gov. cn/c/alsbfzrmzf/czzj/247700. jhtml，2022.

［4］蔡洁、刘斐、夏显力. 农村产业融合、非农就业与农户增收——基于六盘山的微观实证［J］. 干旱区资源与环境，2020，34（2）：73-79.

［5］蔡胜勋、秦敏花. 我国农业保险与农产品期货市场的连接机制研究——以"保险+期货"为例［J］. 农业现代化研究，2017，38（3）：510-518.

［6］蔡兴、刘淑兰. 人口结构变化对我国农村居民消费结构的影响——基于LA/AIDS拓展模型的实证分析［J］. 消费经济，2017，33（6）：56-61.

［7］曹冰雪、李瑾. 信息化对农民增收的影响效应［J］. 华南农业大学学报（社会科学版），2019，18（6）：55-69.

［8］曹立、薛世斌. 新发展格局视阈下释放农村居民消费潜力研究［J］. 新视野，2021，6：13-19.

［9］曹小春. 消费者生产：相关理论、类型过程、营销支持［J］. 现代经济探讨，2020，11：9-16.

［10］陈斌开、马宁宁、王丹利. 土地流转、农业生产率与农民收入［J］. 世界经济，2020，43（10）：97-120.

[11] 陈冲、吴炜聪. 消费结构升级与经济高质量发展：驱动机理与实证检验 [J]. 上海经济研究，2019，369 (6)：59 – 71.

[12] 陈洁. 后疫情时代产业和消费"双升级"的动力机制 [J]. 上海交通大学学报（哲学社会科学版），2020，28 (5)：100 – 111.

[13] 陈晋. 深入理解我国社会主要矛盾的转化 [EB/OL]. http：//theory. people. com. cn/n1/2017/1113/c40531 – 29641540. html，2017.

[14] 陈利、黄金辉. 中国农村财政性公共服务投入与农民收入关系的计量分析 [J]. 经济问题探索，2020，7：12.

[15] 陈亮、朱琛. 我国农村居民消费对经济增长拉动作用的实证分析及对策 [J]. 经济纵横，2010，2：5.

[16] 陈林生、黄莎、李贤彬. 农业机械化对农民收入的影响研究——基于系统 GMM 模型与中介效应模型的实证分析 [J]. 农村经济，2021，6：41 – 49.

[17] 陈世辉、殷晓红. 新常态下农村居民消费结构优化的影响因素及对策 [J]. 商业经济研究，2019，14：108 – 111.

[18] 陈一鸣、魏修建. 乡村振兴视域下宏观经济增长的农户增收效应研究 [J]. 管理学刊，2022，35 (2)：43 – 53.

[19] 陈银娥、刑乃千、师文明. 农村基础设施投资对农民收入的影响——基于动态面板数据模型的经验研究 [J]. 中南财经政法大学学报，2012，1：97 – 103 + 144.

[20] 成谢军、王莉娟. "双循环"新发展格局下老龄化对农村居民消费结构的影响——来自江苏的考察 [J]. 江苏农业科学，2022，50 (8)：243 – 248.

[21] 程国强、朱满德. 2020 年农民增收：新冠肺炎疫情的影响与应对建议 [J]. 农业经济问题，2020，4：4 – 12.

[22] 程名望、张家平. 新时代背景下互联网发展与城乡居民消费差距 [J]. 数量经济技术经济研究，2019，36 (7)：22 – 41.

[23] 崔宝敏、董长瑞. 当代中国马克思主义政治经济学的研究范式和逻辑思路——基于人的全面自由发展的视角 [J]. 河北经贸大学学报，2017，38 (1)：14 – 19.

［24］丁丽琼．居民消费需求不足的体制性障碍及改革的路径选择［J］．湖南社会科学，2014，5：150 – 152.

［25］董伟萍、许一、徐园、骆世侠．物流效率、电商发展对农产品价格的影响机制研究——基于动态系统矩估计与门槛模型的分析［J］．价格理论与实践，2022，3：55 – 58 + 203.

［26］杜蓉、乔均．金融发展对农村居民消费的影响及作用机制研究［J］．南京财经大学学报，2021，6：1 – 10.

［27］杜鑫、张贵友．土地流转对农村居民收入分配的影响——基于2020年10省份农户调查数据的实证分析［J］．中国农村经济，2022，5：107 – 126.

［28］方福前．中国居民消费潜力及增长点分析——基于2035年基本实现社会主义现代化的目标［J］．经济学动态，2021，2：50 – 64.

［29］冯献、李瑾、曹冰雪．信息化应用对农民增收的影响效应分析——来自京津冀353个农户样本的证据［J］．情报杂志，2019，38（4）：201 – 207.

［30］高健、丁静．"病有所医"能促进农村居民消费吗？——来自新农合大病保险试点的证据［J］．消费经济，2021，37（4）：53 – 62.

［31］高越、侯在坤．我国农村基础设施对农民收入的影响——基于中国家庭追踪调查数据［J］．农林经济管理学报，2019，18（6）：733 – 741.

［32］耿晔强．消费环境对我国农村居民消费影响的实证分析［J］．统计研究，2012，29（11）：36 – 40.

［33］顾江．党的十八大以来我国文化产业发展的成就、经验与展望［J］．管理世界，2012，38（7）：49 – 60.

［34］郭华、张洋、彭艳玲、何忠伟．数字金融发展影响农村居民消费的地区差异研究［J］．农业技术经济，2020，12：66 – 80.

［35］郭天宝、周亚成．供给侧改革背景下农业结构优化对农民收入的影响［J］．当代经济研究，2017，9：80 – 87.

［36］国家统计局农村社会经济调查司．中国县域统计年鉴·2021（乡镇卷）［M］．北京：中国统计出版社，2022.

［37］国家统计局．中华人民共和国2021年国民经济和社会发展统计公报［EB/OL］．https：//www. gov. cn/xinwen/2022 – 02/28/content_5676015. htm，2022.

［38］韩永军、王宝成．我国省级行政区农村居民消费结构对应分析［J］.财经问题研究，2015，S1：4.

［39］贺达、顾江．互联网对农村居民消费水平和结构的影响——基于CFPS数据的PSM实证研究［J］.农村经济，2018，10：51 –57.

［40］湖北省人民政府门户网站．湖北省情概况［EB/OL］.http：//www. hubei. gov. cn/2018/local/2018gk/201810/t20181001_1348527. shtml，2019.

［41］湖北省统计局．2020年湖北省国民经济和社会发展统计公报［EB/OL］.http：//www. hubei. gov. cn/hbfb/bmdt/202103/t20210318_3407376. shtml，2021.

［42］湖北省统计局，国家统计局湖北调查总队编．湖北统计年鉴（2021）［M］.北京：中国统计出版社，2021.

［43］湖北省统计局．2022年上半年湖北经济运行情况［EB/OL］.https：//baijiahao. baidu. com/s？id = 1738891645346835392&wfr = spider&for = pc，2022.

［44］湖北省邮政局．补贴到了 渠道通了 乡村活了——湖北农村寄递物流体系建设试点工作圆满收官［EB/OL］.https：//www. spb. gov. cn/gjyzj/c100196/202211/237da5b1281d4536b24ba6beca1d61b4. shtml，2022.

［45］黄大湖、丁士军、陈玉萍．劳动力流动对农村居民消费的影响——基于空间效应视角的分析［J］.经济问题探索，2022，4：142 –153.

［46］黄颖、吕德宏．农业保险、要素配置与农民收入［J］.华南农业大学学报（社会科学版），2021，20（2）：41 –53.

［47］贾晋、李雪峰．"富人治村"是否能够带动农民收入增长——基于CFPS的实证研究［J］.农业技术经济，2019，11：93 –103.

［48］贾立．中国农民收入影响因素的实证分析［J］.四川大学学报（哲学社会科学版），2015，6：138 –148.

［49］贾丽民．劳动是马克思"改变世界"的第一支点［EB/OL］. http：//theory. people. cn/n1/2019/1122/c40531 – 31468502. html，2019.

［50］江红莉、蒋鹏程．数字普惠金融的居民消费水平提升和结构优化效应研究［J］. 现代财经，2020，40（10）：18 – 32.

［51］姜百臣、马少华、孙明华．社会保障对农村居民消费行为的影响机制分析［J］. 中国农村经济，2010，11：32 – 39.

［52］姜长云、李俊茹、王一杰、赵炜科．近年来我国农民收入增长的特点、问题与未来选择［J］. 南京农业大学学报（社会科学版），2021，21（3）：1 – 21.

［53］姜长云、王一杰、芦千文．从农村基层看新冠肺炎疫情对农业农村经济的影响［J］. 农业经济与管理，2020，2：5 – 9.

［54］蒋团标、张亚萍．财政支农支出对农村居民消费升级的影响机理［J］. 华东经济管理，2021，35（12）：1 – 9.

［55］康江江、宁越敏、魏也华、武荣伟．中国集中连片特困地区农民收入的时空演变及影响因素［J］. 中国人口·资源与环境，2017，27（11）：86 – 94.

［56］蓝海涛、王为农、涂圣伟、张义博、周振．新常态下突破农民收入中低增长困境的新路径［J］. 宏观经济研究，2017，11：128 – 138.

［57］雷潇雨、龚六堂．城镇化对于居民消费率的影响：理论模型与实证分析［J］. 经济研究，2014，49（6）：44 – 57.

［58］李凤亮、刘晓菲．新发展格局中的文化消费走向［J］. 山东社会科学，2022，6：171 – 180.

［59］李谷成、李烨阳、周晓时．农业机械化、劳动力转移与农民收入增长——孰因孰果？［J］. 中国农村经济，2018，11：112 – 127.

［60］李宏兵、王爽、赵春明．农村电子商务发展的收入分配效应研究——来自"淘宝村"的经验证据［J］. 经济经纬，2021，38（1）：37 – 47.

［61］李剑．住房资产、价格波动与我国城镇居民消费行为——基于传导渠道的分析［J］. 财经研究，2015，41（8）：90 – 104.

［62］李佼瑞、高杰、王佐仁．消费环境指数（CEI）编制研究——

以陕西省 12 个地市为例 [J]. 统计与信息论坛，2018，33（9）：8 - 17.

[63] 李克强. 2022 年政府工作报告（全文）[EB/OL]. https：//baijiahao. baidu. com/s？id = 1727197846540178996&wfr = spider&for = pc，2022.

[64] 李敏、姚顺波. 村级治理能力对农民收入的影响机制分析 [J]. 农业技术经济，2020，9：20 - 31.

[65] 李萍、王军. 财政支农资金转为农村集体资产股权量化改革、资源禀赋与农民增收——基于广元市 572 份农户问卷调查的实证研究 [J]. 社会科学研究，2018，3：44 - 52.

[66] 李普亮. 财政农业支出、农民增收与城乡居民收入差距——基于省级面板数据的实证 [J]. 南方经济，2012，8：57 - 75.

[67] 李琪、唐跃桓、任小静. 电子商务发展、空间溢出与农民收入增长 [J]. 农业技术经济，2019，4：119 - 131.

[68] 李乾、芦千文、王玉斌. 农村一二三产业融合发展与农民增收的互动机制研究 [J]. 经济体制改革，2018，4：96 - 101.

[69] 李琴英、崔怡、陈力朋. 政策性农业保险对农村居民收入的影响——基于 2006 - 2015 年省级面板数据的实证分析 [J]. 郑州大学学报（哲学社会科学版），2018，51（5）：72 - 78.

[70] 李庆海、李锐、王兆华. 农户土地租赁行为及其福利效果 [J]. 经济学（季刊），2012，11（1）：269 - 288.

[71] 李生校、战明华. 居民消费行为特征及其含义：总量分析与地区比较 [J]. 经济学动态，2004，11：57 - 60.

[72] 李实、杨一心. 面向共同富裕的基本公共服务均等化：行动逻辑与路径选择 [J]. 中国工业经济，2022，2：27 - 41.

[73] 李世美、郭福良、谭宓. 双循环新格局下居民消费升级促进我国经济高质量发展的作用机制与实现路径 [J]. 学术探索，2022，3：110 - 119.

[74] 李涛、胡菁芯、冉光和. 基础设施投资与居民消费的结构效应研究 [J]. 经济学家，2020，11：93 - 106.

[75] 李香菊、付昭煜. 促进我国居民消费扩大和升级的税收政策研

究 [J]. 税务研究, 2020, 11: 17 - 22.

[76] 李响、王凯、吕美晔. 人口年龄结构与农村居民消费: 理论机理与实证检验 [J]. 江海学刊, 2010, 2: 93 - 98 + 239.

[77] 李晓龙、冉光和. 农村产业融合发展如何影响城乡收入差距——基于农村经济增长与城镇化的双重视角 [J]. 农业技术经济, 2019, 8: 17 - 28.

[78] 李研、洪俊杰. 居民消费不平衡的统计测度及消费潜力分析 [J]. 数量经济技术经济研究, 2021, 38 (11): 84 - 102.

[79] 李艳秋、辛立秋、赵孟鑫. 财政支农与金融助农促进农民增收的空间溢出和门槛特征 [J]. 地方财政研究, 2021, 10: 65 - 71 + 79.

[80] 李莹、詹世鸿. 我国城镇居民房地产财富对消费的影响分析 [J]. 工业技术经济, 2011, 30 (7): 73 - 79.

[81] 李玉波、杨淑杰、邬伟三、许清涛. 农业机械化与农民增收关系的交互动态响应分析——基于吉林省统计核算数据 [J]. 中国农机化学报, 2021, 42 (1): 151 - 158.

[82] 李云新、戴紫芸、丁士军. 农村一二三产业融合的农户增收效应研究——基于对 345 个农户调查的 PSM 分析 [J]. 华中农业大学学报 (社会科学版), 2017, 4: 37 - 44 + 146 - 147.

[83] 李中. 农村土地流转与农民收入——基于湖南邵阳市跟踪调研数据的研究 [J]. 经济地理, 2013, 33 (5): 144 - 149.

[84] 刘东皇、朱高林. 中国居民消费对经济增长拉动作用的分布特征分析 [J]. 当代经济管理, 2021, 43 (4): 5.

[85] 刘湖、张家平. 互联网对农村居民消费结构的影响与区域差异 [J]. 财经科学, 2016, 4: 80 - 88.

[86] 刘敏. 建党百年来中国居民消费升级路径及未来新消费趋势 [J]. 经济体制改革, 2021, 2.

[87] 刘玮、孙丽兵、度国柱. 农业保险对农户收入的影响机制研究——基于有调节的中介效应 [J]. 农业技术经济, 2022, 6: 4 - 18.

[88] 刘晓丽、潘方卉. 农产品价格、农村劳动力转移与农民收入——基于 PVAR 模型的实证分析 [J]. 经济问题, 2019, 1: 99 - 107.

［89］刘艳华、朱红莲. 农业信贷配给与农村居民收入的地区差异——基于平滑转换模型的阐释［J］. 农业技术经济，2017，10：68－78.

［90］刘耀森. 农产品价格与农民收入增长关系的动态分析［J］. 当代经济研究，2012，5：43－48＋92.

［91］柳思维. 优化我国流通产业空间结构促进消费潜力释放的思考［J］. 湖南社会科学，2019，3：90－95.

［92］龙泉镇财政经管局. 夷陵区龙泉镇财政经管局 2021 年度部门决算［EB/OL］. http：//www. 10. gov. cn/zfxxgk/show. html？aid＝3&id＝114730，2022.

［93］龙少波、张睿. 消费环境改善对居民消费潜力的影响研究——基于当期剩余消费潜力的视角［J］. 统计与信息论坛，2021，36（1）：11.

［94］龙腾. 如何激发居民消费潜力［J］. 人民论坛，2018，34：88－89.

［95］芦千文、崔红志、刘佳. 新冠肺炎疫情对农村居民收入的影响、原因与构建农村居民持续增收机制的建议［J］. 农业经济问题，2020，8：12－23.

［96］鲁钊阳、廖杉杉. 农产品电商发展的区域创业效应研究［J］. 中国软科学，2016，5：67－78.

［97］吕思雅. 新时代背景下农村消费潜力的激发路径［J］. 农业经济，2022，6：86－87.

［98］罗永明、陈秋红. 家庭生命周期、收入质量与农村家庭消费结构——基于子女异质视角下的家庭生命周期模型［J］. 中国农村经济，2020，8：85－105.

［99］马广程、许坚. 消费升级、收入分配与产业全要素生产率提升——基于省级动态面板数据［J］. 管理现代化，2020，40（3）：25－28.

［100］马莉莉、费园梅、谢钦. 消费环境对我国消费增长影响的实证研究——基于省际动态面板数据的系统 GMM 分析［J］. 湖北社会科学，2017，2：98－103.

[101] 马志敏. 农村消费环境现状分析及优化对策 [J]. 经济问题, 2016, 7: 91 - 94.

[102] 毛中根、谢迟、叶胥. 新时代中国新消费: 理论内涵, 发展特点与政策取向 [J]. 经济学家, 2020, 9: 11.

[103] 冒佩华、徐骥. 农地制度、土地经营权流转与农民收入增长 [J]. 管理世界, 2015, 5: 63 - 74 + 88.

[104] 倪红福、李善同、何建武. 人口结构变化对消费结构及储蓄率的影响分析 [J]. 人口与发展, 2014, 20 (5): 25 - 34.

[105] 欧阳鹏、姜霞、解妍. 消费环境对我国农村居民消费升级的影响——基于省级动态面板数据的系统 GMM 分析 [J]. 商业经济研究, 2021, 1: 31 - 35.

[106] 齐红倩、李志创. 我国农村金融发展对农村消费影响的时变特征研究 [J]. 农业技术经济, 2018, 3: 110 - 121.

[107] 齐红倩、刘岩. 人口年龄结构变动与居民家庭消费升级——基于 CFPS 数据的实证研究 [J]. 中国人口·资源与环境, 2020, 30 (12): 174 - 184.

[108] 沈实、杨宏. 乡村振兴视域下农村服务消费发展潜力分析 [J]. 商业经济研究, 2022, 15: 122 - 125.

[109] 施卓敏、张彩云. 消费者为何会落入绿色消费陷阱?——绿色消费对过度消费的影响研究 [J]. 南开管理评论, 2023, 2: 1 - 17.

[110] 石奇、尹敬东、吕磷. 消费升级对中国产业结构的影响 [J]. 产业经济研究, 2009, 6: 7 - 12.

[111] 石文香、陈盛伟. 农业保险促进了农民增收吗?——基于省级面板门槛模型的实证检验 [J]. 经济体制改革, 2019, 2: 84 - 91.

[112] 史丹、李鹏、许明. 产业结构转型升级与经济高质量发展 [J]. 福建论坛, 2020, 9: 108 - 118.

[113] 宋勃. 房地产市场财富效应的理论分析和中国经验的实证检验: 1998 - 2006 [J]. 经济科学, 2007, 5: 41 - 53.

[114] 宋琼莉. 30 分钟销量逾千元, 安陆孛畈香菇网上热卖 [EB/OL]. https: //baijiahao. baidu. com/s? id = 1722186772590115377&wfr =

spider& for = pc，2022.

[115] 宋全云、吴雨、何青．大学生村官能否促进农户增收？[J]．世界经济文汇，2019，5：27-42.

[116] 苏星．农村是需求潜力最大的国内市场 [J]．中共中央党校学报，2000（1）：3-5.

[117] 孙皓、宋平平．城镇和农村居民消费结构的升级与趋同——基于强度与因素视角的分析 [J]．西南民族大学学报：人文社会科学版，2019，40（12）：8.

[118] 孙久文、李承璋．需求侧与供给侧结合的消费升级路径研究 [J]．中国人民大学学报，2022，36（2）：52-62.

[119] 孙文婷、刘志彪．数字经济、城镇化和农民增收——基于长江经济带的实证检验 [J]．经济问题探索，2022，3：1-14.

[120] 孙治一、董珺、李德阳．农村居民消费升级：互联网素养重要吗？[J]．经济问题，2022（2）：103-111.

[121] 谭江蓉、杨云彦．人口流动、老龄化对农村居民消费的影响 [J]．人口学刊，2012（6）：7.

[122] 唐博文、郭军．如何扩大农村内需：基于农村居民家庭消费的视角 [J]．农业经济问题，2022（3）：73-87.

[123] 唐超、胡宜挺．村治能人推动农村产业融合探析——基于安徽省夏刘寨村的调查 [J]．湖南农业大学学报（社会科学版），2017，18（1）：7-14.

[124] 唐升、孙皓．城乡居民消费结构转型升级：趋同特征与演化路径 [J]．中国软科学，2022（3）：141-153.

[125] 唐跃桓、杨其静、李秋芸、朱博鸿．电子商务发展与农民增收——基于电子商务进农村综合示范政策的考察 [J]．中国农村经济，2020（6）：75-94.

[126] 滕永乐、孙雪萍．中国农村居民消费结构分析——基于隐性直接相加需求系统的研究 [J]．江西财经大学学报，2013（3）：9.

[127] 田皓森、冯红娟．货币政策变化对农产品价格波动冲击效应研究 [J]．财经理论与实践，2021，42（1）：33-40.

[128] 田晓晖、李薇、李戎. 农业机械化的环境效应——来自农机购置补贴政策的证据 [J]. 中国农村经济, 2021 (9): 95 – 109.

[129] 王朝辉、陈洁光、欧进锋. 农产品流通体系影响农产品价格波动的机理与路径——基于92户嵌入式个案实地调查数据的质性分析 [J]. 中国管理科学, 2021, 29 (12): 92 – 104.

[130] 王冬、柴国俊. 农业供给侧结构性改革提振居民消费: 影响效应和传导机制 [J]. 西南民族大学学报: 人文社会科学版, 2021, 42 (12): 12.

[131] 王虹. 湖北孝昌: 举办励志故事会 激发脱贫内生动力 [EB/OL]. http: //www. xiaochang. gov. cn/xwbd/1394261. jhtml, 2022.

[132] 王强、刘玉奇. 挖掘农村居民消费潜力: 中国经济良性循环发展的重要一维 [J]. 河北学刊, 2020, 40 (3): 123 – 131.

[133] 王旭光. 新型农村养老保险政策提升农民消费水平了吗——来自 CFPS 数据的实证研究 [J]. 南方经济, 2017 (1): 1 – 12.

[134] 王美艳. 农民工消费潜力估计——以城市居民为参照系 [J]. 宏观经济研究, 2016 (2): 3 – 18.

[135] 王云航、彭定赟. 产业结构变迁和消费升级互动关系的实证研究 [J]. 武汉理工大学学报 (社会科学版), 2019, 32 (3): 121 – 129.

[136] 王蕴. 新形势下如何进一步促进消费潜力释放 [J]. 人民论坛·学术前沿, 2019 (2): 28 – 39.

[137] 王震、李士雪. 农村社会养老保险的经济效应——基于农村居民消费的检验 [J]. 山东社会科学, 2021 (8): 92 – 99.

[138] 王子成. 外出务工、汇款对农户家庭收入的影响——来自中国综合社会调查的证据 [J]. 中国农村经济, 2012 (4): 4 – 14.

[139] 韦韡、蔡运坤、陈晓璇. 基本公共服务供给如何影响中国居民消费? ——基于机会不平等视角 [J]. 消费经济, 2023, 39 (1): 33 – 45.

[140] 魏红霞. 马克思消费理论中的两个维度及其现实意义 [J]. 科学社会主义, 2012 (2): 124 – 127.

［141］魏后凯、芦千文. 新冠肺炎疫情对"三农"的影响及对策研究［J］. 经济纵横, 2020（5）: 36 - 45 + 32.

［142］温兴祥. 本地非农就业对农村居民家庭消费的影响——基于CHIP 农村住户调查数据的实证研究［J］. 中国经济问题, 2019（3）: 95 - 107.

［143］吴海江、张忠根、何凌霄. 人口年龄结构对农村居民消费的影响研究——以浙江省为例［J］. 人口与发展, 2014, 20（1）: 13 - 21.

［144］吴琼. 巩固脱贫攻坚主阵地 开启乡村振兴新征程——关于巩固拓展脱贫攻坚成果同乡村振兴有效衔接的思考［EB/OL］. http: // www. xiaochang. gov. cn/llwz/1393922. jhtml, 2022.

［145］吴石英、马芒. 人口变动、消费结构与居民消费潜力释放——基于省际动态面板数据的 GMM 分析［J］. 当代经济管理, 2018, 40（4）: 8 - 15.

［146］吴婷婷、胡红琴. 基于农业信息化的农民增收路径的优化［J］. 江苏农业科学, 2018, 46（10）: 354 - 357.

［147］习近平. 论把握新发展阶段贯彻新发展理念构建新发展格局［M］. 北京: 中央文献出版社, 2021.

［148］肖育才、姜晓萍. 财政支农支出对城乡收入差距影响的实证研究［J］. 经济问题探索, 2017（11）: 35 - 45.

［149］谢呈阳、刘梦、胡汉辉. 消费升级、市场规模与制造业价值链攀升［J］. 财经论丛, 2021（4）: 12 - 22.

［150］谢玲红、魏国学. "十四五"时期扩大农村消费的形势及建议［J］. 宏观经济管理, 2022（4）: 40 - 46.

［151］谢琦. 财产性收入对居民消费需求影响的实证研究［J］. 消费经济, 2014, 30（2）: 8 - 11 + 16.

［152］谢卫卫、罗光强. 货币政策冲击对农产品价格的影响［J］. 华南农业大学学报（社会科学版）, 2017, 16（6）: 84 - 95.

［153］新华社. 中共中央 国务院关于全面推进乡村振兴加快农业农村现代化的意见［EB/OL］. https: //www. gov. cn/xinwen/2021 - 02/21/content_5588098. htm, 2021.

［154］新华社. 总书记在全国宣传思想工作会议重要讲话精神［EB/OL］. https：//baijiahao. baidu. com/s？id = 1609874355565192464&wfr = spi der&for = pc，2018.

［155］徐卓顺、赵昊、夏海利.“双循环”新发展格局下消费升级对产业结构的影响［J］. 社会科学战线，2022（3）：250 - 254.

［156］许坤、卢倩倩、许光建. 基本公共服务均等化与消费扩容升级——基于面板模型和面板分位回归数模型的分析［J］. 经济问题探索，2020（6）：28 - 42.

［157］许秀川、温涛. 经济增长、产业贡献与农民收入增长波动——基于宏观收入分配计量模型与谱分析的实证［J］. 中国农业大学学报，2015，20（3）：251 - 257.

［158］闫书华. 乡村振兴战略视角下乡村社会治理创新研究［J］. 行政论坛，2022，28（1）：52 - 57.

［159］严奉宪、胡译丹. 新常态下农村居民消费结构的变化与优化［J］. 统计与决策，2018（6）：98 - 101.

［160］杨天宇、陈明玉. 消费升级对产业迈向中高端的带动作用：理论逻辑和经验证据［J］. 经济学家，2018（11）：48 - 54.

［161］杨伟明、粟麟、孙瑞立、袁伟鹏. 数字金融是否促进了消费升级？——基于面板数据的证据［J］. 国际金融研究，2021（4）：13 - 22.

［162］杨义武、林万龙. 农机具购置补贴、农机社会化服务与农民增收［J］. 农业技术经济，2021（9）：16 - 35.

［163］杨子、马贤磊、诸培新、马东. 土地流转与农民收入变化研究［J］. 中国人口·资源与环境，2017，27（5）：111 - 120.

［164］叶兴庆、程郁、周群力、殷浩栋. 新冠肺炎疫情对2020年农业农村发展的影响评估与应对建议［J］. 农业经济问题，2020（3）：4 - 10.

［165］叶胥、杨荷、毛中根. 居民消费环境：指数测度、区域差异与政策启示［J］. 财经科学，2021（5）：77 - 88.

［166］仪明金、邰秀军、张喆. 农村消费市场的潜力研究——基于

1978 - 2010 年的消费趋势分析 [J]. 经济问题探索，2012 (4)：68 - 72.

[167] 尹志超、郭沛瑶. 精准扶贫政策效果评估——家庭消费视角下的实证研究 [J]. 管理世界，2021，37 (4)：64 - 83.

[168] 郁建兴、任杰. 迈向精准治理：后小康时代中国农业农村的再出发 [J]. 公共管理学报，2022，19 (3)：1 - 11 + 164.

[169] 袁小慧、郭李为、范金. 转移支付政策与农村居民消费：基于社会核算矩阵的模拟分析 [J]. 消费经济，2022，38 (2)：86 - 96.

[170] 约翰·梅纳德·凯恩斯. 就业、利息和货币通论：重译本 [M]. 北京：商务印书馆，2009.

[171] 曾亿武、张增辉、方湖柳、郭红东. 电商农户大数据使用：驱动因素与增收效应 [J]. 中国农村经济，2019 (12)：29 - 47.

[172] 张红宇. 农民收入：实现共同富裕目标的路径选择 [EB/OL]. https：//baijiahao. baidu. com/s？id = 1718243908774605467&wfr = spider&for = pc，2021.

[173] 张洪振、任天驰、杨汭华. 大学生村官推动了村级集体经济发展吗？——基于中国第三次农业普查数据 [J]. 中国农村观察，2020 (6)：102 - 121.

[174] 张京京、刘同山. 互联网使用让农村居民更幸福吗？——来自 CFPS2018 的证据 [J]. 东岳论丛，2020，41 (9)：172 - 179.

[175] 张俊华、花俊国、唐华仓、吴一平. 经济政策不确定性与农产品价格波动 [J]. 农业技术经济，2019 (5)：110 - 122.

[176] 张林、温涛、刘渊博. 农村产业融合发展与农民收入增长：理论机理与实证判定 [J]. 西南大学学报（社会科学版），2020，46 (5)：42 - 56 + 191 - 192.

[177] 张茂一、王洪树. 后疫情时代农村次生社会风险的深度治理探索 [J]. 党政研究，2020 (6)：98 - 106.

[178] 张攀峰. 财政农业支出对农村居民消费影响的经验分析 [J]. 财经问题研究，2012 (2)：104 - 109.

[179] 张瑞龙、杨肖丽. 农产品批发价格受封闭管控政策影响吗——来自北京市批发市场的证据 [J]. 农业技术经济，2021 (12)：92 - 108.

　　[180] 张守莉. 农村居民消费与经济增长区域差异分析 [J]. 统计与决策, 2020 (2)：4.

　　[181] 张小草. 东湖评论：一篙不松, "犇" 出高质量发展的 "荆楚速度" [EB/OL]. https：//baijiahao. baidu. com/s？id = 1689933831357890110&wfr = spider&for = pc, 2021.

　　[182] 张小东、孙蓉. 农业保险对农民收入影响的区域差异分析——基于面板数据聚类分析 [J]. 保险研究, 2015 (6)：62 – 71.

　　[183] 张效莉、余颖博. 中国沿海地区居民消费环境测度及消费增长效应 [J]. 消费经济, 2022, 38 (3)：76 – 86.

　　[184] 张秀利、张明. 农产品金融化、农产品价格波动与农民收入增长 [J]. 农村经济, 2016 (12)：41 – 45.

　　[185] 张勋、万广华. 中国的农村基础设施促进了包容性增长吗？[J]. 经济研究, 2016, 51 (10)：82 – 96.

　　[186] 张翼. 当前中国社会各阶层的消费倾向——从生存性消费到发展性消费 [J]. 社会学研究, 2016, 31 (4)：74 – 97 + 243 – 244.

　　[187] 张永丽、南永清. 人口结构转变、农业经济增长与农村居民消费 [J]. 华南农业大学学报 (社会科学版), 2014, 13 (4)：70 – 77.

　　[188] 张毓卿、周才云. 金融对农村居民消费增长支持效应的动态分析 [J]. 江西社会科学, 2012, 32 (2)：77 – 81.

　　[189] 张自然、祝伟. 中国居民家庭负债抑制消费升级了吗？——来自中国家庭追踪调查的证据 [J]. 金融论坛, 2019, 24 (8)：34 – 44.

　　[190] 章晓乐、任嘉威. 治理共同体视域下社会组织参与农村社会治理的困境和出路 [J]. 南京社会科学, 2021, 10：62 – 67.

　　[191] 赵保国、盖念. 互联网消费金融对国内居民消费结构的影响——基于 VAR 模型的实证研究 [J]. 中央财经大学学报, 2020 (3)：33 – 43.

　　[192] 赵东安、杨春. 马克思消费理论及其对目前形势的指导意义 [J]. 贵州社会科学, 2009, 235 (7)：34 – 37.

　　[193] 赵洪丹、陈丽爽. 农产品价格与农民收入增长关系研究——基于吉林省四平市数据的实证分析 [J]. 价格理论与实践, 2021 (10)：

168 - 171.

[194] 赵建凤. 新时代背景下农村居民消费结构转型升级面临的困境与出路 [J]. 农业经济, 2019 (10): 61 - 63.

[195] 赵磊. 疫情后恢复消费要解决的核心问题研究 [J]. 商业经济, 2020 (6): 142 - 143.

[196] 赵仁杰、何爱平. 村干部素质、基层民主与农民收入——基于 CHIPS 的实证研究 [J]. 南开经济研究, 2016 (2): 129 - 152.

[197] 赵涛、张智、梁上坤. 数字经济、创业活跃度与高质量发展——来自中国城市的经验证据 [J]. 管理世界, 2020, 36 (10): 65 - 76.

[198] 赵勇智、罗尔呷、李建平. 农业综合开发投资对农民收入的影响分析——基于中国省级面板数据 [J]. 中国农村经济, 2019 (5): 22 - 37.

[199] 甄小鹏、凌晨. 农村劳动力流动对农村收入及收入差距的影响——基于劳动异质性的视角 [J]. 经济学 (季刊), 2017, 16 (3): 1073 - 1096.

[200] 郑军、方田. 农业保险保障水平的反贫困效应 [J]. 山西农业大学学报 (社会科学版), 2019, 18 (4): 41 - 48.

[201] 郑军、杨玉洁. 农业保险市场创新与农户收入保障 [J]. 华南农业大学学报 (社会科学版), 2019, 18 (6): 45 - 54.

[202] 郑英隆、李新家. 新型消费的经济理论问题研究——基于消费互联网与产业互联网对接视角 [J]. 广东财经大学学报, 2022, 37 (2): 4 - 14.

[203] 郑星钥. 龙泉镇情况简介 [EB/OL]. http://www.10.gov.cn/zfxxgk/show.html?aid=3&id=114153, 2022.

[204] 中共中央 国务院关于做好 2022 年全面推进乡村振兴重点工作的意见 [EB/OL]. http://www.gov.cn/xinwen/2022 - 02/22/content_5675035.htm.

[205] 中共中央宣传部、中华人民共和国生态环境部. 习近平生态文明思想学习纲要 [M]. 北京: 人民出版社, 2022.

[206] 周闯、马旭鑫、管添. 就业正规性对农民工消费的影响：机制与检验 [J]. 消费经济, 2022, 38 (4): 28-38.

[207] 周宏春、史作廷. 双碳导向下的绿色消费：内涵、传导机制和对策建议 [J]. 中国科学院院刊, 2022, 37 (2): 188-196.

[208] 周凌溪. 孝昌花西：做强做优"粮仓" [EB/OL]. https://mp. weixin. qq. com/s? __biz = MzI0MzAxNjAzNg = = &mid = 2649707439&idx = 5&sn = 6175988d8785ae9a84ae21813982dbb3&chksm = f1687ba4c61ff2b2c628344e1b3018cf9fd85d73160b7ab1f7e3b4ff9199f4d4d94cca99a64f&scene = 27, 2022.

[209] 周梅华. 从消费的本质看可持续消费 [J]. 经济问题, 2001 (3): 51-53.

[210] 周明华. 中国农产品价格波动：供需因素还是货币因素? [J]. 财经问题研究, 2014 (8): 125-129.

[211] 周稳海、赵桂玲、尹成远. 农业保险发展对农民收入影响的动态研究——基于面板系统 GMM 模型的实证检验 [J]. 保险研究, 2014 (5): 21-30.

[212] 周应恒、杨宗之. 互联网使用促进了农村居民消费吗? ——基于江西省 739 个农户的调查 [J]. 经济地理, 2021, 41 (10): 224-232.

[213] 周应恒、张蓬、严斌剑. 农机购置补贴政策促进了农机行业的技术创新吗? [J]. 农林经济管理学报, 2016, 15 (5): 489-499.

[214] 周振、张琛、彭超、孔祥智. 农业机械化与农民收入：来自农机具购置补贴政策的证据 [J]. 中国农村经济, 2016 (2): 68-82.

[215] 朱铭来、奎潮. 医疗保障对居民消费水平的影响——基于省级面板数据的实证研究 [J]. 保险研究, 2012 (4): 103-111.

[216] 朱雅玲、张彬、马艺菲. 农村劳动力流动对家庭消费结构的影响 [J]. 消费经济, 2022, 38 (3): 52-63.

[217] 祝仲坤. 互联网技能会带来农村居民的消费升级吗? ——基于 CSS2015 数据的实证分析 [J]. 统计研究, 2020, 37 (9): 68-81.

[218] 祝仲坤、陶建平. 农业保险对农户收入的影响机理及经验研

究［J］. 农村经济, 2015 (2)： 67 –71.

［219］ Campbell, J. Y. and N. G. Mankiw. The response of consumption to income： a cross-country investigation ［J］. *European Economic Review*, 1991, 35 (4)： 723 –756.

［220］ Chen, B. , M. Lu and N. Zhong. How Urban Segregation Distorts Chinese Migrants' Consumption? ［J］. *World Development*, 2015, 70： 133 – 146.

［221］ Duesenberry, J. S. Income, Saving, and the Theory of Consumer Behavior ［J］. *Review of Economics Statistics*, 1949, 33 (3)： 111.

［222］ Feldstein, M. and A. Pellechio. Social Security and Household Wealth Accumulation：New Microeconometric Evidence ［J］. *The Review of Economics Statistics*, 1979, 61 (3)： 361 –368.

［223］ Fisher, J. , D. Johnson, J. P. Latner, T. Smeeding and J. Thompson. Inequality and mobility using income, consumption, and wealth for the same individuals ［J］. *Journal of the Social Sciences*, 2016, 2 (6)： 44 – 58.

［224］ Foellmi, R. Consumption structure and macroeconomics. Structural change and the relationship between inequality and growth ［J］. *Lecture Notes in Economics Mathematical Systems*, 2005： 80 –85.

［225］ Friedman, M. Consistency of the Permanent Income Hypothesis with Existing Evidence on the Relation between Consumption and Income： Budget Studies. *NBER Chapters*, 1957： 1 –6.

［226］ Hubbard, R. G. , J. Skinner and S. P. Zeldes. Precautionary saving and social insurance［J］. *Journal of Political Economy*, 1995, 103 (2)： 360 –399.

［227］ Jappelli, T. and L. Pistaferri. Consumption and Income Inequality in Italy. S. University, Working Paper, 2008： 11 –16.

［228］ Modigliani, F. and R. Brumberg. *Utility Analysis and the Consumption Function： An Interpretation of Cross – section data* ［M］. New Brunswick, Rutgers University Press, 1954.

致　　谢

　　本书的构思源于在国家"双循环"整体战略布局的背景下，对湖北省"三农"问题的深入思考。从 2019 年开始调研，到 2022 年成稿，前后 3 年时间，得到湖北省社会科学界联合会、湖北工程学院、孝感市社会科学界联合会很多领导、老师、同事的帮助与指导，也得到了湖北省高等学校哲学社会科学研究重大项目、湖北省社科基金前期资助项目、湖北省重大调研课题基金项目等课题的支持。

　　本书的顺利成稿，得益于对湖北省"四市七县（区）"的调研，感谢各地政研室系统给予的大力支持，特别是孝感市委政研室为调研工作的开展提供了时间上的便利、可操作性的建议。同时，也感谢孝感市安陆市李畈镇、孝昌县花西乡、宜昌市夷陵区龙泉镇等地的相关负责人为本书案例部分提供了大量现实素材。

　　本书作者之一张承龙牵头进行了调研工作，黄宏磊主持了龙泉镇的资料整理工作。湖北工程学院冀红梅博士参与了文献整理工作，刘姣华博士、熊鹏博士也对书稿内容提出了针对性的意见建议。湖北工程学院科技处领导对书稿写作给予了大力支持。经济科学出版社纪小小编辑等工作人员对书稿编排、设计、校对做了大量工作。在此，一并表示感谢。

张　辉

2022 年 12 月 28 日